甲子園500年戦記

高校野球の勢力図はなぜ塗り変わるのか？

大島裕史

星海社

329

SEIKAISHA SHINSHO

はじめに　～第106回の夏

2024年は、地方大会が始まる前から猛烈な暑さであった。そして8月23日、阪神甲子園球場では、初の全国制覇をかけて京都国際と関東第一が戦った。9回を終えて両チームとも得点がなく、史上初の決勝戦タイブレークが行われ、京都国際が勝利。初優勝を決めて甲子園球場に韓国語の校歌が流れた。何か新しい時代の到来を感じさせる夏の幕切れであった。

新基準のいわゆる低反発バットに変わったこの年の全国高校野球選手権大会（以下、甲子園大会）では、ロースコアの試合が多かった。特に準決勝と決勝戦は、1点を巡るヒリヒリするような攻防が繰り広げられた。これは筆者が子供のころみていた、甲子園大会を思い出させるものでもあった。

筆者が初めて甲子園球場で高校野球をみたのは、1971年8月15日、第53回大会の甲子園大会の準決勝、桐蔭学園・岡山東商（県立）、磐城（県立）・郡山（県立）の試合だった。準決勝、日曜日、お盆といった要素が重なったこの日は、内野席は早々に札止め。規制が緩かったこともあり、無料開放されていた外野席は通路まで観客で埋まり、スタンドは膨れ上がっていた。当時筆者は小学生だったが、見たこともないような大観衆の熱気、グラウンドで繰り広げられる熱い戦い、それに今日に比べれば多少武骨かもしれないが、華やかな応援合戦。ここから高校野球の魅力に取りつかれ、以来高校野球をみ続け、現在は東京を中心として高校野球の取材をしている。

第53回大会は桐蔭学園が優勝。その前年の東海大相模に続き、神奈川の当時としては新興戦力が全国制覇を果たした。けれども翌年の第54回大会は、優勝は津久見（県立）、準優勝は柳井（県立）、第55回大会は、優勝は広島商（県立）、準優勝は静岡（県立）、第56回大会は、優勝は銚子商（県立）、準優勝は防府商（県立）、第57回大会は、優勝は習志野（市立）、準優勝は新居浜商（県立）と、公立校が優勝、準優勝を占めた。もちろん当時もPL学園をはじめ、中京（現中京大中京）、東邦、平安（現龍谷大平安）、天理、報徳学園、広陵など、私立の強豪校は多かった。けれども、公立校が互角以上の結果を残していた。しかし2000年以降、公立校で優勝したのは、07年夏、第89回大会の佐賀北（県立）のみ。準優勝も18年夏の第100回大会の金足農（県立）だけで、公立校はなかなか勝てなくなっている。

こうした変化はなぜ起きたか。そして私立優勢の時代は、いつから、どのような形で始まったのか。25年で107回の歴史を数える夏の甲子園大会を2つの時代に分けるとすれば、木製バットの時代だった73年の第55回大会までと、金属バットの使用が認められた74年の第

56回大会以降になる。大きな変化の波も、金属バットの使用が認められた74年以降に訪れる。金属バット導入から約50年。勢力図の変化を軸に、半世紀の歴史を辿っていく。

目次

第3章　ＰＬ学園黄金時代　〜ライバルとなった公立校

第6章 21世紀の甲子園 〜大阪桐蔭時代の一方で

図版：ジェオ　写真：日刊スポーツ／アフロ

第1章

金属バットの時代の始まり

～申し子・原辰徳の登場

1975年夏「アサヒグラフ」9/5号

1974年の改革

前年に始まるオイルショックにより、高度経済成長に終わりを告げようとしていた1974年、高度経済成長と歩みをともにして連続優勝を重ねていた巨人は、中日にセ・リーグ王者の座を譲り、連続優勝は9で止まった。同時に戦後のプロ野球最高のスターであった長嶋茂雄が、「我が巨人軍は永久に不滅です」という言葉を残し、現役を引退した。プロ野球の一時代が終わろうとしていたこの年、高校野球でも、2つの大きな変化があった。

一つ目は金属バットの使用を認めたことだ。きっかけは、73年6月、ハワイ選抜チームが来日。日本各地を転戦し、その年のセンバツベスト8の日大一などと9試合を行ったことだった。その際、アルミ製の金属製バットの使用を打診してきた。70年代に入り、アメリカでは高校・大学で金属バットを使用するようになっていた。日本側も研究の意味もあり使用を認めたことが、日本の高校野球と金属バットの出合いである。

そこから金属バットの導入を巡る議論が始まった。時期尚早という意見もあったが、木製バットは折れやすいうえに、原材料不足から値上げが予想され、部活動としての経費がかさむ。当時絶対的な権力を持っていた日本高校野球連盟の佐伯達夫会長が導入に前向きだったこともあり、74年3月に金属バットの導入が決まった。1年目はアメリカ製2社のバットのみが認められた。

もう一つの大きな変化は、夏の甲子園大会の出場校数の増加である。夏の甲子園大会の出場校数は、60年の第42回大会から72年の第54回大会まで30校であった。第40回、45回、50回、55回の記念大会だけは、一都府県一代表が認められ、北海道は59年の第41回大会から南北二代表が認められていた。しかしそれ以外の大会では、単独で出場できた都府県は、東京、神奈川、長野、静岡、愛知、大阪、兵庫、広島、福岡、鹿児島だけで、ほかは近隣の府県と、代表決定戦を戦わなければならなかった。松山商（県立）などがいる愛媛と高松商（県立）、坂出商（県立）などがいる香川が戦う北四国大会は、野球が盛んな土地柄だけに、し烈な戦いになった。その一方で、全国レベルの強豪であった平安（現龍谷大平安）などがいる京都と京滋大会を戦わなければならなかった滋賀のように、夏の甲子園大会にはほとんど出場できなかった県もあった。それが78年の第60回大会からは一府県一代表が認められるようになった。74年の第56回大会から、出場校数を少しずつ増加させることになり、まず第56回大会は34校になった。東京は東西二代表になったほか、岩手、福島、茨城、千葉、新潟、京都は単独出場できるようになり、地区大会の一部組み換えも行われた。

71年から74年までは年間出生数が200万人を超える、いわゆる第2次ベビーブームの時代を迎える。終戦直後の第1次ベビーブーム、いわゆる団塊の世代の子供たちが学齢期を迎える80年代から90年代の初めにかけては、学校経営にとってはゴールデンタイムである。甲子園大会の出場校数が拡大した時期と、第2次ベビーブームの時期が重なったことは、高校野球の勢力図にも大きな影響を及ぼすことになる。

銚子商の篠塚利夫と東海大相模の原辰徳

74年夏の第56回の甲子園大会は、34校が出場して行われた。この大会は初出場校が13校というフレッシュな大会になった。イチローの母校として知られる愛工大名電も、この大会、名古屋電工として初出場を果たしている。

74年の選抜高校野球大会（以下、センバツ）では金属バットの使用は認められず、センバツ後の春季大会から使用が可能になった。ただほとんどの学校が使用し始めたのは6月ごろからで、高校野球ファンの前に金属バットが現れたのは、夏の地方大会からであった。

まだ木製バットの感触に慣れている選手が多かった。そのうえ、次第に美津濃（ミズノ）など国内メーカーのバットの使用も認められるようになるが、1年目は実績のあるアメリカ製バットだけだった。アメリカ製のバットは日本の高校生には重いなどの理由から、木製バットを使う選手もかなりいた。74年の夏の甲子園大会で金属バットを使用した選手は全体の5分の3程度であった。この大会の本塁打は11本。そのうち8本が金属バットを使用した打者が打った。金属バットの効果が大きかったことは確かだ。

木製バットで打った3本の本塁打のうち2本は銚子商（県立）の篠塚利夫（現在は和典）が打ったものだった。この夏の銚子商は、前評判通りの強さを発揮して初優勝を果たした。斉藤一之監督率いる銚子商は、前年の夏の甲子園大会で「怪物」と呼ばれた作新学院の江川卓に投げ勝った土屋正勝に加え、「黒潮打線」と呼ばれた強力打線を有していた。篠塚は2年生ながら、4番・三塁手として黒潮打線の中核を担った。ただ4番といっても豪快さでなく、「玄人受けする」といわれた、打撃の柔らかさが光っていた。

ほとんどのチームが何人かは木製バットを使用する選手がいる中で、唯一全選手が金属バットを使用していたのが、原貢監督が率いる東海大相模だった。巨人の選手、監督として活躍する原辰徳の父親である原貢は、福岡県大牟田市のノンプロ・東洋高圧の野球部に所属しながら、野球部長に頼まれ、三池工（県立）の監督も務めた。そして65年の夏、第47回の甲子園大会で、斉藤一之監督率いる銚子商を決勝戦で破り全国制覇を果たす。不況の炭鉱の町に灯りをともした優勝だったが、この時、原辰徳は小学1年生であった。

その翌年の12月、東海大の総長であった松前重義から声がかかり、63年に開校したばかりの東海大相模の監督に就任した。原貢監督は東海大相模でも70年夏、第52回の甲子園大会で優勝している。この優勝は、高校野球で監督の重要さを認識させるきっかけにもなった。そしてこの時の決勝戦は10－6という、木製バット時代では異例のハイスコアの試合であった。

しかも東海大相模は、大会を通じてスクイズを一度も行わない攻撃的な野球を貫いた。

そういう攻撃的チームだけに金属バットの導入が決まると、いち早く取り入れた。しかも当時は、金属バットでも短く持つのが一般的であったが、東海大相模の選手は、グリップエンドギリギリまで、長く持っていた。そんな攻撃的なチームで原辰徳は、1年生ながら5番、三塁手で出場していた。この大会で原辰徳は、17打数7安打、三塁打と二塁打が各1本という成績を残した。本格的に注目を集めるのは2年生になってからだが、1年生で大器の片鱗はみせており、金属バット時代の到来とともに出現した打者のスターであった。

この年投手では、銚子商の土屋のほか、前年のセンバツの優勝投手である横浜の永川英植、土浦日大を春夏ともに甲子園に導いた工藤一彦の評判が高く、「関東三羽ガラス」などと呼ばれていた。東海大相模は、神奈川大会の決勝戦で、横浜の永川を打ち崩し、甲子園大会の初戦(2回戦)で工藤投手擁する土浦日大に9回二死から同点に追いつき、延長16回の熱戦の末、勝利した。準々決勝では、2回戦、3回戦を完封で勝ち上がった定岡正二投手擁する鹿児島実と対戦。延長15回の球史に残る名勝負を繰り広げて敗れた。

準々決勝の第4試合であったこの試合は、NHKが試合の途中で定期放送のため、高校野球の中継を打ち切った。そのため、抗議の電話がNHKに殺到。翌年の夏の甲子園大会から、総合テレビと教育テレビ(Eテレ)をリレーして、ほぼ完全中継を行うようになった。

また原辰徳を破った鹿児島実の定岡は、その年のドラフト会議で巨人に1位指名された。銚子商の篠塚は、翌年の夏の千葉大会の準決勝で、その年に全国制覇をすることになる習志野（市立）に1－2で敗れたが、ドラフト1位で巨人に入団する。原辰徳は東海大を経て、80年のドラフトで巨人に1位指名された。入団1年目の81年、巨人の三塁手には中畑清がいたため、原辰徳は二塁手でデビューした。その影響により二塁手で出場していた篠塚は、出場機会が減ったが、5月に中畑が負傷したことで、原辰徳が三塁に入り、二塁手の篠塚、復帰して一塁手になった中畑らと巨人の一時代を築くことになる。

2年連続で公立校に敗れて終わった原辰徳の夏

金属バットの威力を、本当の意味で実感するようになったのは、75年の第47回のセンバツ大会であった。かつては、「春は投手力」と言われていたが、開幕戦で優勝候補の倉敷工（県立）と中京（現中京大中京）が対戦し、16－15、本塁打が3本も飛び出す超乱打戦で倉敷工が勝ち、固定観念は覆った。

東海大相模の原は、この大会で最も注目された選手であったが、それほど目立った活躍はしていなかった。しかし当時の東海大相模のパワーは別格だった。2回戦の倉敷工、準々決勝の豊見城《とみしろ》（県立）戦は苦戦したものの、決勝戦に進出した。高知との決勝戦で1回裏、原は左中間スタンドに飛び込む本塁打を放った。当時の高校野球では見たこともないような特大の一発で、原の評価は一気に高まった。ただしチームは延長13回の激闘の末5－10で敗れ、優勝はならなかった。

この年の第57回の夏の甲子園大会では、原は2年生ながら女性ファンに人気のアイドルであり、最強の打者として、注目を一身に集めた。準々決勝に進出した東海大相模の前に立ちはだかったのは、上尾（県立）であった。上尾の野本喜一郎監督は、プロ野球の西鉄（現西武）にも在籍し、東洋大の監督も務めたベテランの指導者だった。夏は前年の第56回大会に西関東（埼玉と山梨）代表として初出場を果たし、大会出場校が34校から38校に増加したことにともない、単独枠になった埼玉代表として2年連続出場を果たしていた。

東海大相模は原の三塁打、二塁打を含め4打数4安打の活躍もあり、7回が終わった段階で、4－2とリードした。しかし上尾は8回表の猛攻で3点を挙げて逆転する。その裏、二死一塁の場面で原に打席が回る。上尾の今太投手はカーブなど変化球主体で球威はそれほどないが、気持ちの入った投球をする。そして原は捕邪飛に終わり、2年生の夏の戦いは、終わった。その夏の決勝戦は、習志野が初出場である愛媛の新居浜商（県立）を5－4、9回サヨナラ勝ちで破り、8年ぶり2度目の優勝をした。

この年の秋季神奈川県大会の準々決勝で東海大相模は横浜に敗れ、翌年のセンバツ出場はならなかった。その年のセンバツは、広島の崇徳が栃木の小山（県立）を5－0で破り、初優勝している。

高校最後の夏、原は甲子園に戻ってきた。第58回大会の開幕戦に登場し、東海大相模は4番打者で、原とともに強打者として評判であった津末英明が2本の本塁打を放ち、釧路江南（道立）に5－0で勝利した。そして2回戦は栃木の小山と対戦した。

小山はその年のセンバツの準優勝校だが、立役者の1人であるエースの初見幸洋は故障明けで本調子ではなかった。背番号8で主将の黒田光弘は、センバツでも投げてはいたが、背番号通り、本来は外野手。けれども東海大相模戦に先発すると、スローボールを交える緩急自在の投球で強力打線を手玉に取り、打たれた安打はわずかに3本で完封。後に東海大相模や東海大甲府の監督として名をはせるエースの村中秀人のワイルドピッチが決勝点になり、0－1で東海大相模は敗れ、原の夏は終わった。

原が甲子園で活躍した3年間、優勝は銚子商、習志野、桜美林といずれも関東勢で、神奈川の東海大相模は、原が1年生の夏は鹿児島実に敗れたが、2年生の夏は埼玉の上尾、3年生の夏は栃木の小山に敗れた。公立、私立を問わず、この時代の高校野球の主役は、関東勢であった。

部員14人のうち7人が県外出身者だった島根の江の川

75年の第57回の夏の甲子園大会は、出場校が前回より4校増えて、38校になった。そのうち、初出場は12校だった。準優勝の新居浜商や栃木の足利学園（現白鷗大足利）が初出場を果たしているが、初出場校で変わり種として注目されたのが、山陰代表、島根の江《ごう》の川《かわ》（現石見智翠館）だった。当時の甲子園大会のベンチ入りは14人だったが、江の川の部員は14人。しかもそのうち半分の7人が県外の出身者だった。この学校は、もとは女子校だったが、63年に男女共学になり、66年に野球部を創部、野球部の強化に取り組んだ。野球部創部当時の理事長が、兵庫の強豪・三田学園の野球部関係者と知り合いだったことから、両校は姉妹校になり、三田学園の人脈を通じて京阪神の中学生をスカウトした。

三田学園はセンバツに4回出場している強豪校。近鉄などで活躍した伊勢孝夫、巨人でプレーした山本功児、淡口憲治など多くのプロ野球選手を輩出している。その三田学園の協力を得て、京阪神から人材を集めた。当時大阪のPL学園のように、全国から生徒を集めている学校もあったが、こうした学校はまだ少なかった。やがて少年野球が盛んな関西の少年が全国各地の高校に進学して、その地域の高校野球の勢力図を変えるようになる。江の川は、その先駆けともいえる。

この大会で江の川は、初戦（2回戦）で福滋代表である福井の三国（県立）に0－6で敗れる。3年生が抜けると2年生以下の部員は5人となり、部の存続も危ぶまれた。けれども、その後も島根県を代表する強豪校となる。88年の夏は横浜（現横浜ＤｅＮＡ）、中日の捕手として活躍した谷繁元信を擁し準々決勝に進出。２００３年の夏は準決勝に進出したが、ベンチ入りのメンバー全員が大阪府など、島根県外の出身であった。

桜美林の全国制覇と多摩地域の野球熱

76年夏の第58回の甲子園大会は41校が出場し、西東京代表の町田市の桜美林が初出場で優勝した。東京勢が夏の大会で全国制覇を果たすのは、第2回大会の慶応普通部以来60年ぶりの快挙になる。慶応普通部は戦後、慶応高校として神奈川県を拠点としたため、東京は夏の甲子園大会の優勝校が不在の状況であった。桜美林の優勝により、東京にも優勝校が再度誕生したことになる。

東京の野球は、墨田区にある日大一が68年夏の第50回大会から71年夏の第53回大会まで4年連続で甲子園大会出場を果たし、72年夏の第54回大会に世田谷区の日大桜丘を挟んで、第55回大会は日大一が出場。当時は新宿区にあった早稲田実にしても、王貞治が墨田区出身であることから分かるように、人材は東部の下町が中心になっていた。第56回大会から東西2代表になったが、第56回大会の西東京代表は杉並区の佼成学園で、第57回大会は中野区の堀越といったように、区部のチームが甲子園に行っていた。桜美林以前に東京西部・多摩地域の市町村で夏の甲子園大会に出場したのは、61年夏の第43回大会に出場した法政一（現法政大高）だけである。その法政一にしても、当時は武蔵野市の吉祥寺に校舎があった。吉祥寺は生活者の感覚としては杉並区、練馬区に近く、市部という感じはあまりない。その意味で桜美林は多摩地域から実質的に初めて甲子園大会に出場したことになる。第58回大会の「週刊朝日・増刊」の甲子園大会号は桜美林について、「東京のローカルチーム」と紹介している。

高度成長期に東京は、多くの人が流入してきた。そうした人たちの多くにとって、「地元の高校野球」というのは、出身地の高校野球であり、東京ではなかった。60年代後半から70年代にかけて、多摩地域の丘陵地帯に多摩ニュータウンをはじめとする大規模団地が造成される。こうした団地には野球ができるグラウンドや広場を有するところも多く、少年野球が盛んに行われた。こうした団地の野球少年たちにとって、優勝した桜美林は身近なヒーローであり、桜美林の優勝は東京の高校野球が盛り上がる契機になった。

桜美林が優勝した76年に日大三が赤坂から町田市に移転した。それまで日大三の野球部員は授業が終わると赤坂見附駅にダッシュして、グラウンドのある調布市柴崎に行かなければならなかった。町田市移転に伴い、校舎のある学校の敷地内に専用グラウンド、室内練習場、合宿所が揃い、練習環境は格段に整備された。

70年代から80年代にかけて、多摩地域には新たな学校が次々に生まれ、学業やスポーツで結果を残すようになる。団塊ジュニアの就学期に加え、大規模団地の子供の受け皿が必要であった。加えて、広い土地を求めて、中央大学をはじめとする大学や、企業の研究所が多摩地域に移転するようになる。大学の教職員など、子供の教育に熱心な層の増加により、多摩地域の高校の偏差値は上昇する。この地域の学校は、都心の学校に比べ練習環境も恵まれているので、スポーツでも台頭してくる。

83年に創立した東京菅生（現東海大菅生）は、87年には西東京大会で準優勝している。学校創立が68年で、72年に野球部が創部した小平市の創価は、83年の夏に甲子園大会初出場を果たした。こうした新しい学校の台頭に加え、従来からある学校の活動も活発になり、多摩地域の野球熱は高まっていった。

第2章

49代表時代の幕開け

〜箕島、池田の全盛期

1979年夏「週刊ベースボール」9/9増刊号

逆転のＰＬ

74年夏の第56回大会から76年夏の第58回大会まで、銚子商（県立）、習志野（市立）、桜美林と関東勢の優勝が続いたが、77年の第59回大会は、決勝戦で安井浩二のサヨナラ本塁打により東洋大姫路が愛知の東邦を破り初優勝を決めた。決勝戦のサヨナラ本塁打は大会史上初の出来事だった。この大会、東邦の1年生のエース・坂本佳一が人気を集めたが、東洋大姫路の安井の一発に沈んだ。

そして78年の第60回大会から北海道と東京は2代表で、各府県1代表の49代表の時代が始まった。それに伴い、ベンチ入りできる選手の数が従来の14人から15人に1人増えた。

第60回大会を制したのは、大阪のＰＬ学園だった。ＰＬ学園は、70年の第52回大会、76年の第58回大会で準優勝し、既に全国に知れ渡った強豪であったが、全国制覇は春夏を通じて初めてだった。しかもその勝ち方が、劇的だった。

準々決勝は県岐阜商の下手投げの好投手・野村隆司に5安打に抑えられたが、後に広島の外野手として活躍するエース・西田真次（後に真二）の好投により1－0で勝ち、準決勝に進んだ。準決勝の相手は中京（現中京大中京）。試合は9回表までは4－0で中京がリードしていたが、9回裏ＰＬ学園は、4番打者でもある西田の三塁打をきっかけに猛攻が始まり、4点を入れて同点に追いついた。そして延長12回、押し出しでサヨナラ勝ちした。

決勝戦は、高知商（市立）の2年生エース・森浩二に8回までわずか3安打に抑えられ、9回表まで2－0で高知商がリードしていた。9回裏一死二、三塁から後に阪神の捕手として活躍する木戸克彦の中犠飛で1点差に迫るも二死。しかし4番・西田が二塁打を放って同点に追いつく。最後は5番・柳川明弘の二塁打で西田が還り、PL学園が土壇場で逆転勝ちした。準決勝、決勝の劇的な勝利から、「逆転のPL」と呼ばれるようになった。

監督は鶴岡泰（後に山本泰）。監督として日本プロ野球史上最多の1773勝を挙げ、南海（現ソフトバンク）の黄金時代を築いた鶴岡一人の息子である。練習は1日6時間。少しでもミスをするとウサギ飛びでグラウンド一周を課すという、厳しいものだった。

PL学園は、PL教団の御木徳近教祖が、「人生は芸術である」、「球道即人道」と説き、力を入れていた。専用球場に合宿所といった施設が充実し、全国から人材が集まっていた。また華やかな人文字応援も甲子園の名物になっていた。黄金期はもう少し先になるが、人気、実力ともこの時代の高校野球を代表するチームであった。

未勝利県・滋賀の躍進

全国大会であれ、国際大会であれ、出場チームが増えれば、出場チーム間の力の差が広がり、大会の質が低下する懸念が生じる。78年の第60回大会の段階で、夏の甲子園大会で一度も勝ったことがない、唯一の都道府県が滋賀であった。

72年の第54回大会までは京都と京滋大会を戦わなければならなかった。京都には平安（現龍谷大平安）という全国レベルの強豪がおり、滋賀県勢の前に立ちはだかった。それでも71年夏の第53回大会は比叡山、翌第54回大会は膳所《ぜぜ》（県立）が京滋大会を勝ち抜き、甲子園大会に駒を進めていた。しかし各都道府県から代表校が出場できる第55回大会を挟み、第56回大会から第59回大会までは、京都が単独の出場枠を得た代わりに、滋賀県勢は福井県勢と福滋大会を戦わなければならなかった。福滋大会で滋賀県勢は4年間、一度も勝つことができなかった。

78年夏の第60回大会からは滋賀県勢も毎年出場できるようになったが、この年のセンバツ大会で比叡山が前橋（県立）の松本稔投手に春夏の甲子園大会を通じて史上初の完全試合を達成させられた。夏の大会では膳所が、同じ群馬の桐生（県立）と対戦。0－18という大惨敗を喫し、「湖国の春は遠い」と言われた。

しかし翌年夏の第61回の甲子園大会では、比叡山が釧路工（道立）を12－4で破り、滋賀県勢悲願の夏の甲子園大会初勝利を挙げると、2回戦で三重の相可《おうか》（県立）、3回戦で前橋工（県立）を破り、準々決勝に進出した。準々決勝では「ドカベン」の愛称で親しまれた強打者・香川伸行を擁する浪商（現大体大浪商）に0－10で敗れたものの、滋賀県勢の存在感を示した。この時の比叡山の中心選手は捕手で主将の大伴嘉彦、二塁手の堀雅人ら前年のセンバツで完全試合の屈辱を味わった選手であり、その悔しさが、翌年の快進撃の原動力になった。続く第62回大会では瀬田工（県立）が準決勝に進出。未勝利県だった過去の汚名を完全に払拭した。各都道府県から漏れなく代表校を甲子園大会に送ることができるようになり、全国的なレベルアップが進んだことは間違いない。けれども49代表時代は、また別の問題を生み出していた。

主力選手の大半が県外出身のチームの衝撃

78年の第60回大会の時点で、大阪大会の参加校は138校、兵庫大会は135校なのに対し、鳥取大会は18校、高知大会は21校と、地方大会の参加校数に明らかな差が生じていた。大阪や兵庫は参加校数が多いうえに、強豪校が多くレベルが高い。少年野球が盛んな大阪や兵庫の中学生が、他の地方の高校を目指すというのも、自然な流れではあった。そして80年夏の第62回の甲子園大会では、開校3年目で甲子園出場を決めた茨城代表の江戸川学園と鳥取代表の倉吉北のメンバーの多くが県外出身であり、「外人部隊」として問題にもなった。

その前年に地方大会号として発行された「週刊朝日・臨時増刊」には、「激論を呼びつつも拡大される〝野球留学〟」という見出しで、倉吉北の事例が報道されている。記事によれば、その年入学した1年生男子167人のうち、41人が県外からの進学であった。2年生の他府県出身者は5人、3年生は9人なので異常な急上昇である。しかも県外から入学した41人のうち、37人が野球部に入部した。

その前年の第60回大会で倉吉北は、私立校では初めて鳥取代表として甲子園の土を踏み、1回戦で、前年の春夏ともに準々決勝に進出している早稲田実を3－2で破る大金星を挙げた。地方大会の参加校が18校の鳥取にも全国の強豪と渡り合える学校があるということで、大阪などから大挙入学したわけだ。この時入学した上甲子園中学出身の坂本昇は、2年生ながらエースとして甲子園出場に貢献した。

一方江戸川学園の場合、茨城大会の参加校は82と、決して少ないわけではない。監督の河村実義は当時62歳のベテラン。明大の内野手で活躍した後、明大のコーチや日大鶴ケ丘の監督を務めた。当時27歳であった部長の川口啓太も明大出身で、後に明大監督も歴任する。新設校として野球部を結成するにあたり、明大の人脈で選手を集めたことと、河村監督が体を壊し、静岡県の伊東で静養していた時、地元のチームの指導をしており、その縁で入学した選手たちだった。

この大会、倉吉北は1回戦で習志野に1－2で敗れる。この大会を特集した「アサヒグラフ・特別増大号」はこの試合に「〝鳥取留学〟の選手たち〝故郷で錦〟飾れず」という見出しを掲げた。また江戸川学園は、この大会で優勝する横浜に0－9で敗れた。同じく「アサヒグラフ・特別増大号」の見出しは「初戦ではかなく散った〝外人部隊〟の白い服」だった。主催の朝日新聞社の媒体すら、これだけ冷ややかな見出しを掲げているくらいである。郷土意識の強く出る高校野球で「外人部隊」と言われた県外出身者に対する風当たりは強かった。

この「アサヒグラフ・特別増大号」には、大会出場者の出身中学も載っている。倉吉北はメンバー15人のうち県外中学の出身者は6人。うち1人は隣県である岡山県の津山市出身である。確かにエースの坂本ら主力選手の中に県外出身の選手もいるが、倉吉市の中学出身の生徒も7人いる。江戸川学園は茨城県の中学出身は控えに1人いるだけ。伊東市の中学出身が4人、東京都小平市の中学出身者が4人だが、残りは東京・江戸川区や葛飾区。江戸川学園のある取手市は東京の通勤・通学圏内であり、距離的にも近い。

学校のエリア外から入学することが、当たり前になっている今日の感覚からみれば、それほど目くじらを立てなくも、という思いもある。けれども、よそ者が入って地元の子が甲子園に行けない、という不満は根強いものがあった。

箕島・池田の頂上対決

話を79年に戻す。この年は和歌山の箕島（県立）と大阪の浪商の力が抜きん出ていた。箕島には下手投げの好投手・石井毅（現在は木村竹志）、当時は捕手としては珍しい1番打者で、強肩、俊足の嶋田宗彦のバッテリーの存在が際立っていた。浪商は、後に中日、ロッテで活躍するエースの牛島和彦、身長172センチ、体重92キロの巨体の捕手で、水島新司の漫画の主人公がそのまま現れたような風体とパワーから「ドカベン」と呼ばれた香川伸行が注目された。

両校はその年のセンバツの決勝戦で対戦し、打撃戦の末8－7で箕島が勝ち優勝した。箕島は70年の第42回大会、77年の第49回大会のセンバツで優勝している。しかし、夏は結果を残しておらず、夏は弱いと言われていた。

箕島のある和歌山県有田市は小さな港町。箕島が優勝すると町中が大騒ぎになっていた。それが、夏に弱い原因ともされていた。そのため79年に優勝した時、当時36歳の尾藤公監督は、緊張感を持たせるため、正選手に背番号の返上を求め、白紙の状態から夏に向かった。メンバーは控えの数人が入れ替わっただけで、夏も春もメンバーの骨格は変わらないが、夏の甲子園大会にも出場した箕島は強かった。

試合中は常に笑顔で「尾藤スマイル」で知られる箕島の尾藤公監督は、選手が倒れるまでやるという厳しい練習の一方で、「俺とお前たちは熱烈な恋愛関係。好き同士なのだ」という言葉を好んで使うように、選手たちと濃密な人間関係を築いていた。

球史に残る名勝負となった3回戦の星稜戦。星稜が12回表に1点を入れ、その裏の箕島の攻撃も二死。そこで1番の嶋田を迎える。嶋田は打席に入る前に、「監督、一発ホームラン打ってきます」と言い、尾藤監督も「よし、狙え」と言った。そしてレフトラッキーゾーンに入る本塁打となり、同点に追いついた。このやりとり、資料によって言い方に若干の違いはあるが、こういうやり取りがあったのは確かで、こうしたやり取りにも、監督と選手の関係性がうかがえる。

16回表も再度星稜がリードするが、またも二死から6番の森川康弘が本塁打を放つ。しかも森川は一塁にファールフライを打ち上げ、アウトになりかけたが、一塁手が転倒して命拾いした後の本塁打だけにドラマ性を増した。当時2年生の森川は定時制の生徒で、朝から自動車整備工場で働き、夕方に野球部で練習した後、夜は定時制の授業を受けていた。延長18回、上野敬三のサヨナラ安打で箕島は、劇的な勝利を飾った。この試合で257球を投げたエースの石井は、準々決勝、準決勝も1人で投げ切り、決勝戦に進出した。

一方浪商も準決勝に進出しており、決勝戦は春に続いて箕島・浪商の対戦になることが予想された。しかし、浪商は準決勝で池田(県立)のエース・橋川正人に6安打完封され、決勝進出を逃した。

決勝進出した池田は、当時から強力打線という評価はあったものの、「やまびこ打線」というよりも、74年のセンバツで、部員11人ながらも決勝戦に進出した時の、「さわやかイレブン」の印象が強かった。箕島・池田という県立校同士の対戦となった決勝戦は、池田が3－1とリードしていたが、箕島は積極的な走塁で池田を揺さぶる。6回裏三塁走者の北野敏史は、スクイズのサインで飛び出し、三塁牽制に引っかかった形になったが、そのまま本塁に突っ込み箕島が1点差に迫った。8回裏は池田の守備の乱れもあって同点に追いつくと、8番の榎本真治が外した球に飛びついてスクイズを決めて勝ち越した。

箕島は当時としては62年の作新学院、66年の中京商（現中京大中京）に次ぐ、3度目の春夏制覇を実現した。そして公立校の春夏制覇は、現在においても箕島だけだ。一方敗れた池田は、この敗戦を一つのきっかけとしてチームが大きく変わる。その意味で、最強の公立校の対戦は、その後の高校野球に大きな影響を与えたことになる。

荒木大輔とリトルリーグ

80年の第52回のセンバツは、水島新司の漫画「球道くん」の主人公・中西球道にちなんで、「球道くん」と呼ばれた中西清起投手を擁する高知商が決勝戦で、帝京・伊東昭光投手との延長戦におよぶ白熱の投手戦を制して初優勝した。

その年の夏、第62回の甲子園大会は、愛甲猛投手を擁する横浜が初優勝をした。73年のセンバツで当時28歳だった渡辺元（現在は元智）監督は、その後は、東海大相模などが立ちはだかり、なかなか甲子園に行けなかった。78年の第60回大会に、1年生だった愛甲投手を擁し、夏は15年ぶりの出場を果たした横浜は、80年の夏に3年生になり、成長した愛甲の活躍もあり初優勝を飾った。

けれどもこの大会の主役は、準優勝の早稲田実の主戦投手であった1年生の荒木大輔だった。本来エースの芳賀誠の負傷で、主戦投手となった荒木は、大会前の評価はそれほど高くなかった。しかし1回戦で優勝候補だった大阪の北陽（現関大北陽）を1安打完封すると、評価を高めると同時に、人気も沸騰した。荒木はその後も無失点記録を続け、準決勝までに44回1／3まで伸ばした。決勝戦で1イニングを0点に抑えると、大会記録を塗り替えるところだったが、初回に失点した。早稲田実は決勝戦で横浜に敗れたものの、荒木は甲子園のアイドルになった。大会後に大会の総決算号として刊行された「週刊ベースボール・増刊」は荒木のことを、「腕よし！マスクよし！躍り出た！肝っ玉1年生」という見出しを掲げて紹介している。

荒木は、高校入学前から知られていた。76年リトルリーグの世界大会で、調布リトルは荒木の活躍もあり優勝したからだ。

早稲田実は63年のセンバツに出場した後、75年の夏に東東京代表として出場するまで、甲子園から遠ざかっていた。けれどもその後は、77年、78年の春夏に4季連続出場を果たし、荒木大輔は5回の出場機会全てで、甲子園に行っている。早稲田実の復活の原動力になったのは、調布リトルをはじめとする、硬式野球経験者だった。75年の夏に刊行された「週刊朝日」の「第57回高校野球選手権　甲子園大会号」には早稲田実について「一、二、三、四、五、九番打者がいずれもリトルリーグ出身者という特色があり」と書かれており、同誌の「第60回高校野球選手権　甲子園大会号」では早稲田実について、「調布リトルリーグからの選手導入を原動力に、最近、力を盛り返してきた。メンバーでは、川又、荒木健、和泉、阿部、栗林、荒木達らが、同リーグの出身者だ」と書かれている。

それ以前は、中学までは学校の部活で軟式野球をして、硬式は高校に入ってから、というのが一般的であった。70年代に入り、リトルリーグや中学生を対象にしたリトルシニア（シニア）、それにボーイズリーグ、ポニーリーグなどの硬式野球のクラブチームが大都市圏を中心に盛んになり、徐々に全国各地に広がっていった。荒木大輔はリトルリーグの象徴的な選手であったが、80年の夏の甲子園大会の決勝戦で対戦した横浜の愛甲猛も、小学生の時は逗子リトルに所属していた。PL学園の桑田真澄は小学生時代、ボーイズリーグの八尾フレンドに所属しており、高校入学前に硬式野球を経験した選手が、甲子園で活躍するようになった。

一方中学生の軟式野球は、79年から全国大会が始まった。初期の大会はＮＨＫで全国放送されており、第2回大会で準優勝した岐阜・美濃加茂東中の野中徹博は、大型で力強い球を投げており、注目されていた。野中は愛知の中京に入り、2年生の時から高校球界を代表する投手になった。

小中学生の硬式野球の活性化や、中学の軟式野球の全国大会開始などにより、かつて地元地域限定であった有望な野球選手の存在が、広く知られるようになった。その結果、高校のスカウトが活発になり、中学生の進路も、地元に限らず、全国各地に広がっていった。

高知・明徳の登場

81年夏の第63回の甲子園大会は、エースで4番の金村義明が活躍した報徳学園が、夏の大会では初の全国制覇を果たした。準優勝の京都商は、韓裕、鄭昭相という在日コリアンの選手が本名で出場し、話題になった。報徳学園の金村も「在日」であることを公言し、彼ら以外にも報徳学園には高原広秀、岡部道明、松本政輝、京都商には金原貴義、呉本治勇という在日コリアンの選手がおり、在日社会を熱くした夏だった。また京都商は、「球聖」とも呼ばれる大投手・沢村栄治が在学した名門校だが、その後、86年の夏に出場してから甲子園から遠ざかっている。校名も京都学園になった後、現在は京都先端科学大付という校名になっている。

翌82年は、池田の「やまびこ打線」が強烈な印象を残した年である。しかし池田は、その年のセンバツには出場していない。81年の秋季四国大会の1回戦で高知の明徳に0－1で敗れたからだ。82年のセンバツは四国から4校出場しており、明徳はこの勝利で春夏を通じて甲子園大会初出場を果たした。

明徳の監督は松田昇。松田は1905年生まれで、高知の高校野球の歴史を作ってきた人物だ。高知商、関西大学を経て、満州に渡る。松田は天津商の監督を務めたことから指導者生活を始める。終戦後引き上げ、母校・高知商の監督に就任する。

高知は四国4県で唯一、春夏とも戦前の甲子園大会に出場していなかった。46年夏に戦後復活の大会として西宮球場で行われた第28回大会に城東中学（県立、現追手前）が出場し、これが高知県勢初の全国大会であった。城東中学には、後に慶応義塾大学の投手、さらには監督として活躍する前田祐吉がいた。城東中学は翌年のセンバツにも出場した。松田監督率いる高知商は、48年に春夏連続出場を果たした。松田は高知県高校野球連盟の創立にも尽力し、49年から64年まで理事長を務めた。82年のセンバツには、高知県から明徳だけでなく高知商も出場したが、当時36歳であった高知商の谷脇一夫監督も松田の教え子だった。

明徳は73年にまず中学が開校し、76年に高校が開校した。開校と同時に野球部が創部となり、78年から松田が部長に就任。同時に中学の監督に就任した。そして指導した中学生が高校に進学した81年に高校の監督に就任した。この年の秋季四国大会で池田を破った。この試合では、池田のスクイズ失敗が響いた。松田監督は、「蔦の野球はお見通しじゃよ」と語ったといわれる。

松田監督より18歳年下とはいえ、ベテラン監督であった池田の蔦文也監督は松田監督の発言について、「サンデー毎日臨時増刊・第54回センバツ高校野球」において、こう語っている。「なに、コッチがこけたんじゃ。松田ハンはもう76歳。メイド（冥土）のみやげじゃ。ほなけんど、ケッタクソ悪いね。負けても（甲子園へ）行きたいねエ」。池田が衝撃的な打力を全国に誇示する4か月前の話だ。

センバツで明徳は、1回戦で滋賀の瀬田工に11－0と大勝し、2回戦で箕島と対戦。延長14回の大熱戦を繰り広げ、3－4で敗れた。試合後松田監督は、「宮本武蔵が佐々木小次郎に負けた気持ち。箕島は粘りのあるいいチームだ。夏に向けてまた会うこともあろう。その時は仇討ちだ」（「毎日グラフ臨時増刊　球春沸騰!燃える甲子園1982・4・24」）と語っている。

しかし82年の夏、明徳は高知大会の準決勝で高知商に敗れた。そしてこの年の秋季四国大会直前に松田監督は急死している。松田監督の遺言により愛媛・南宇和（県立）の監督だった竹内茂夫が監督を引き継いだ。明徳は翌年のセンバツでは準決勝に進出している。

明徳は84年4月1日から校名を明徳義塾に変更した。この年のセンバツは3月26日に開幕した。1回戦は明徳の校名で福岡大大濠を破り、2回戦は4月1日にあり、明徳義塾の校名で戦った。試合は佐世保実に2－0で勝利するとともに、校名変更が全国に知れ渡った。明徳義塾は、84年に夏の甲子園大会の初出場を果たす。そして90年に馬淵史郎が監督に就任する。参加校数は20校台と少ないものの、高知商、高知、土佐など強豪ひしめく高知県において、甲子園の常連になっている。

やまびこ打線、高校野球を変えた夏

79年夏の決勝戦で箕島の決勝スクイズで敗れると、スモールベースボールを続けることの限界を感じた池田の蔦文也監督は、「地べたを這うゲリラ野球から、外野の頭を越える空中戦野球へ」という方針を決めた。

池田の蔦文也。高校野球史にその名を残す名将は、1923年、徳島市に生まれ、徳島商(県立)を経て同志社大に入学したが、学徒出陣で出征し、特攻隊員になった。出撃の前に終戦となった。戦後は社会人野球を経て49年にプロ野球の東急(現日本ハム)に入団したが、1年で退団。51年に四国山地の山あいの町にある池田高校の社会科の教師になり、52年から野球部の監督になった。しかし母校である徳島商の壁は厚く、甲子園にはなかなか届かなかった。

「山あいの町の子供たちに一度でいいから大海（甲子園）をみせてやりたかったんじゃ」。池田の校内に立つ石碑にも書かれたこの言葉は、よく知られている。71年の夏に甲子園大会に初出場を果たし、1回戦で後に近鉄の捕手として活躍する梨田昌崇（昌孝）を擁する島根の浜田（県立）を5－4で破り、甲子園初勝利を飾った。74年の春のセンバツでは、「さわやかイレブン」と呼ばれ、部員11人ながら準優勝を果たした。79年に夏の甲子園大会でも準優勝する。

80年、徳島の中学球界では知られた存在であった畠山準が入学する。2年生になると畠山の名は「プロ注目選手」として、全国に知られるようになる。しかし81年秋、エースの畠山の力投があっても、四国大会の1回戦で明徳に敗れ、甲子園には届かなかった。その時、副部長であった高橋由彦は、ウエイトトレーニングを導入することを提案する。高橋は、高校、大学とレスリング部に所属しており、ウエイトトレーニングの専門知識もあった。当時の常識では、筋肉がつきすぎると、動きが悪くなるといわれていた。けれども高橋は、選手個々に必要な筋肉に合わせ、きめ細かく指導していった。そのトレーニングは選手からは「壊される」という声が上がるほど過酷なものだった。そのうえ野球部の合宿所の近くにあるレストランが、野球部員に限り500グラムのステーキを600円で提供した。40年以上前の話だが、ありえない値段である。春になると、選手の体つきも変わり、打球が見違えるほど、速く遠くに飛ぶようになっていた。

82年の夏、甲子園大会に出場を果たした池田の選手の体は、他校の選手とは明らかに違っていた。1回戦は静岡（県立）に5－2、2回戦は日大二に4－3、3回戦は都城に5－3で勝ち、準々決勝に進出した。2回戦、3回戦と9番打者の山口博史が2試合連続本塁打を放ったことは特筆すべきことだった。けれども早稲田実は1回戦から3回戦までの3試合で28点を挙げており、池田の打線が特別に目立っているわけではなかった。

準々決勝で荒木大輔を擁する早稲田実と畠山準を擁する池田が対戦した。前評判は早稲田実の方が高かった。けれども早稲田実の和田明監督は対戦が決まると、「池田とはやりたくなかった」と語っていた。試合は1回裏、2年生の3番打者・江上光治の2ランで池田が先制する。さらに5－2で池田がリードしている6回裏、2年生の5番打者・水野雄仁がバックスクリーン近くに突き刺さる特大本塁打を放ち、度肝を抜いた。8回裏、荒木は右翼手につき、マウンドには後に西武で活躍する石井丈裕が上がったが、水野は石井から満塁本塁打を放っている。結局池田が全員安打の20安打で14－2の圧勝。「やまびこ打線」の威力は全国に知れ渡った。

準決勝の東洋大姫路戦は苦戦したが、8番打者の木下公司の決勝2ランにより4－3で勝利。決勝戦に進出した。決勝戦の相手はスモールベースボールの象徴的な存在である広島商(県立)。広島商は準決勝で、2年生ながら大会を代表する好投手であった中京の野中から2回裏にスクイズで入れた1点を守り切り、決勝戦に進出した。

決勝戦の日の「朝日新聞」は、「技の広島商か　力の池田か」という見出しを掲げた。しかし1回表、池田は二死からの猛攻で6点を挙げ、6回表にはエースで4番の畠山の本塁打などで5点。12－2という圧倒的な大差で広島商を破った。早稲田実戦に続き、「高校野球を変えた」と言われる猛攻であった。

金属バットが導入されて9シーズン目。金属バットへの対応で試行錯誤が続いていたが、ウエイトトレーニングでフィジカルを鍛えた池田の優勝で、方向性ははっきりした。

「攻めダルマ」と呼ばれた池田の蔦監督は、酒好きで豪快というイメージがあったが、84年の「サンデー毎日臨時増刊・第56回センバツ高校野球大会」で、元徳島商の監督で、蔦文也の師匠でもある当時77歳の稲原幸雄は、こう語っている。

「蔦君は酒好きと思われているようですが、もともと彼は酒好きではないんです。本質的にはとても繊細ですわ。彼はベンチであれこれとさい配をふるうのは好きでない。『ベンチでガサガサせんでもええチームをつくってやれ』という発想から、あんな強打のチームが生まれたんだと思いますよ」

また同誌には、この大会が初出場になる拓大紅陵について、こんな記事があった。

「二月には、トレーニングルームが完成。二千万円以上もする米国製の十七種のトレーニング器具も整った」

予算によって内容はまちまちにしても、トレーニング器具の充実に取り組んだのは拓大紅陵だけではない。ただこの時代、バットそのものが変わってきたことも重要である。池田が優勝した82年の夏の甲子園大会前に発行された「週刊朝日・臨時増刊」も、大会後に発行された「週刊ベースボール・増刊」も、雑誌の表4（裏表紙）は、同じ美津濃（ミズノ）の金属バットの広告が掲載された。そのコピーは「太くして、軽くする。」だった。バットを太くして、軽くするには、バットの厚みを薄くする必要がある。2024年から導入された、いわゆる低反発バットは、バットの最大直径が67ミリ未満から64ミリ未満と細くなり、球が当たる部分の肉厚は3ミリから4ミリになった。つまり細く、厚くが低反発バットであるので、この時代のバットは高反発バットといえる。実際この頃から、打球音も、打球の速さや飛距離も従来のものとは違っていた。そしてこの時代、新たなスターが誕生する。

第3章

PL学園黄金時代

～ライバルとなった公立校

1985年夏「アサヒグラフ」9/5増刊号

PL学園新時代

78年の夏の第60回大会で初の全国制覇を成し遂げたPL学園は、翌年はセンバツに出場。後に広島の主砲として活躍する小早川毅彦を擁し、準決勝に進出した。しかし夏は、大阪大会の決勝戦で牛島和彦、香川伸行のバッテリーを擁する浪商に敗れ、甲子園大会出場を逃した。80年は、春夏とも甲子園には行けなかった。この年の8月、理由は定かでないが、監督が鶴岡泰（後に山本泰）から、中村順司に代わっている。PL学園を卒業後、名古屋商科大、社会人野球のキャタピラー三菱の内野手として活躍した中村は、76年にPL教団の職員になり、コーチに就任。そして80年、34歳でPL学園の新監督に就任した。

中村監督率いるPL学園は、81年、82年と2年連続でセンバツを制した。けれども夏は、81年は大阪大会の5回戦で大商大堺に敗れ、82年は大阪大会の準々決勝で甲子園大会に出場した春日丘（府立）に敗れ、甲子園に行けなかった。

PL学園は、83年はセンバツ3連覇がかかっていたが、82年の秋季大阪府大会の準々決勝で、当時力を付けていた上宮に敗れ、出場できなかった。83年のセンバツは、前年の夏に「やまびこ打線」が威力を発揮して優勝した徳島の池田（県立）が、強力打線に「阿波の金太郎」と呼ばれた水野雄仁投手の力投で優勝。夏春制覇を成し遂げた。

この年の夏の甲子園大会の注目は、池田の夏春夏の甲子園3連覇が成るかどうかだった。

池田は準々決勝で中京（現中京大中京）と対戦。その年のドラフト会議で巨人に1位指名される池田の水野と、阪急（現オリックス）に1位指名される中京の野中徹博との投手戦は、「高校野球のレベルを超えた戦い」といわれるほどハイレベルな試合であったが、池田が9回表、7番打者である高橋勝也の決勝2ランにより3－1で勝利。これで池田の優勝が濃厚になったと思われた。しかし、そこに立ちはだかったのが、PL学園であった。

その夏のPL学園は、大阪大会の準決勝で茨木東（府立）に2－1、決勝戦で桜宮（当時は市立）に5－3と、いずれも公立校に逆転勝ちして甲子園に駒を進めていた。しかし投球回数が一番多いエース級の投手と4番打者が1年生ということが話題になっていただけで、評価はそれほど高くなかった。しかしこの1年生こそ桑田真澄、清原和博であり、いわゆるKKコンビで一時代を築くことになる。

KKコンビは春夏5回、甲子園大会に出場し、2回優勝している。逆に言えば、甲子園で3敗はしている。そのうちの一つは、2年生の時のセンバツの決勝戦の岩倉（東京）戦であったが、残りの2つは、2年生の夏の決勝戦の取手二戦と、3年生の春の準決勝の伊野商戦で、2校とも県立校であった。KKコンビの3年間を振り返ると、負けた2試合以外にも、公立校と好勝負を繰り広げている。それはいま振り返ると、高校野球の勢力図が箕島、池田などの公立校からPL学園をはじめとする私立の強豪校に移行する過渡期に、両者がせめぎ合っていたようにも思える。ＫＫコンビのＰＬ学園と公立校との対決の歴史を振り返る。

ＫＫコンビのＰＬ学園VS公立校　10番勝負

一、83年夏・第65回大会準々決勝　対高知商（市立）

ＫＫ時代の夜明け前の激戦

ＰＬ学園	1	3	3	0	1	2	0	0	0	10
高知商	0	0	0	0	5	4	0	0	0	9

5年前の夏の決勝戦と同じカード。この夏、高知大会開幕3日前に高知商の部長であった山岡俊夫が急死し、新人教師であった正木陽が部長に就任した。後に同校の監督になる正木は、第60回大会の決勝戦に3番、右翼手で出場し、ＰＬ学園に逆転負けした。それだけに、この試合への思いは強かった。

この試合で注目されたのは、ＰＬ学園のＫＫコンビより、高知商のエース・津野浩の方だった。大型の本格派投手として注目された津野は、この年のドラフト会議で日本ハムに3位指名されている。この大会では、投手としての成績は今一つだったが、3回戦の箕島（県立）

戦では、この年のドラフト会議で近鉄に2位指名される、現ロッテ監督の吉井理人から満塁本塁打を放ち、存在感を示していた。

試合は4番・清原の2打席連続二塁打などで5回表が終わった段階でＰＬ学園が8－0と大きくリードした。しかし4回まで無失点に抑えていた桑田が、5回裏に突然乱れ、6安打を浴びて5失点でマウンドを降りた。けれども6回表ＰＬ学園は、清原の三塁打などで2点を追加。津野は降板し、右翼手になった。そして6回裏、4番・津野の2ランなどで高知商は4点を入れ、1点差に迫った。それでも、3番手で登板した背番号1の3年生・藤本耕が7回以降は得点を許さず、10－9で逃げ切った。

一方高知商も6回途中から登板した1年生の中山裕章が3回2／3を被安打1の無失点に抑える好投をし、ＫＫコンビのライバルになった。

二、83年夏・第65回大会準決勝　対池田（県立）
高校野球の主役が代わった一戦

池田	000	000	000	0
ＰＬ学園	041	100	10Ｘ	7

準々決勝で中京を破り、池田の優勝が濃厚と思われていた。しかし池田のエース・水野雄仁は、準々決勝の投球で疲れ切っていた。当時は準々決勝と準決勝の間に休養日はなく、連投になり、その疲れもあった。けれども当時言われたのは、3回戦で池田は、前年の決勝戦で対戦した広島商（県立）と再戦したが、その試合で4番打者でもある水野は、頭部に死球を受けている。1分ほど倒れこんだが、そのまま一塁に向かい、その後も9回まで投げ切った。しかし試合後水野は、「あの後、なに投げたのか覚えていない」と語っている。脳震とうの疑いがあり、今日であればドクターストップの場面だが、当時はラグビーなどでも、脳震とうの疑いがあり、フラフラ走っている選手でも、そのまま試合に出ていた時代だ。PL学園戦の日も、体の右側が重たかったという。

試合は2回裏PL学園が1点を先制し、なお走者二塁で、8番の桑田が2ランを放った。桑田は2回戦の中津工（県立、2011年に閉校）でも本塁打を放っており、甲子園2本目の本塁打であったが、水野が甲子園で本塁打を打たれたことは、それまでなかった。さらに衝撃的だったのは、9番の住田弘行も本塁打を放ち、水野が連続本塁打を浴びたことだった。PL学園はその後も3点を追加。投げては、桑田が池田の強力打線を5安打無失点に抑え、7－0でPL学園が圧勝した。

試合の翌日、「日刊スポーツ」は、「池田まさか」という大見出しを掲げた。それは、多くの人の思いでもあった。東京一極集中が進んだこの時代、山あいの子供たちの躍動は、ロマンや郷愁を感じさせるものだった。それだけに衝撃は大きかった。試合後水野は、「やっとマスコミから解放されます」と語っている。日本中が注目した池田の夏は終わった。そして池田の選手たちに代わる、新たなスターが生まれた。もっとも、桑田とともにスター選手になる清原は、この試合で水野に、4打席連続三振に抑えられている。

三、83年夏・第65回大会決勝戦　対横浜商（市立）
清原甲子園初本塁打　KK時代の幕開け

横浜商	0	0	0	0	0	0	0	0	0	0
PL学園	0	1	0	0	0	0	1	1	X	3

横浜商は1882年に創立した伝統校で、校歌は森林太郎（森鷗外）が作詞している。地元では、Y校の名で親しまれている。エースの三浦将明は、その年のドラフト会議で中日に3位指名された好投手。前年のセンバツでは、準々決勝で荒木大輔擁する早稲田実に勝ち、準決勝では優勝したPL学園に2－3でサヨナラ負けしたものの、善戦した。また、この年

のセンバツでは、決勝戦で池田に敗れたものの、準優勝している。

試合は2回裏、4番・清原の本塁打でPL学園が1点を先制する。この本塁打は清原の甲子園初本塁打になった。一方、PL学園の先発・桑田は立ち上がり走者を出すものの、落ち着いた投球で得点を許さない。横浜商の三浦も2回以降は失点がなく、7回に進む。

7回表一死後、四球を出したところで、この試合被安打6の無失点に抑えていた桑田を左翼に回し、背番号1の3年生・藤本耕をマウンドに上げた。これは中村監督が当初から予定していたリレーだった。藤本は甲子園出場が決まった後も、打撃投手として1日300球投げるなど、チームを支えてきたからだ。PL学園は7回裏と8回裏に1点ずつ追加。7回表の途中から登板した藤本が、得点を許さず3－0でPL学園が勝ち、5年ぶり2度目の優勝を決めた。

PL学園は中村監督が就任してから、センバツの連覇に加え、この優勝で甲子園16連勝になった。連勝は翌年のセンバツの決勝戦で岩倉に敗れるまで続き、20連勝になった。そして1年生の桑田、清原を擁する優勝により、KKコンビの時代が、本格的に始まった。

四、84年夏・第66回大会準々決勝　対松山商（県立）
2年生エースの投げ合い、桑田に軍配

松山商	1	0	0	0	0	0	0	0	0	1
PL学園	0	0	0	0	1	0	1	0	X	2

松山商は、69年の第51回大会で青森の三沢（県立）との決勝戦引き分け再試合に勝って優勝してから、長い不振が続いた。この大会の1回戦で富山の高岡商（県立）を13－0で破ったことが、あの決勝戦以来15年ぶりの甲子園での勝利であった。名門復活の立役者の1人である2年生エースの酒井光次郎は大阪・枚方市の出身。あの決勝戦に憧れて、窪田欣也監督の知人を通じて、松山商に入学した。

PL学園は1回戦の愛知・享栄戦で、清原が1試合で3本塁打を放ち14－1で圧勝。KKコンビは、一層グレードアップしていた。

準々決勝に進出した両校の試合は、1回表松山商が桑田の直球を狙い撃ち、単打3本を集めて1点を先制した。一方松山商の酒井は、丁寧な投球でPL学園を抑える。5回裏PL学園は、6番・北口正光が内野安打で出塁すると、4人続けてバントをする。そこで松山商の失策もあってPL学園は同点に追いつく。それでも4人も続けてバントするほど、PL学園は追い詰められていた。

その後は、桑田と酒井の2年生エースの投げ合いが続いたが、試合の流れを決めたのは、桑田の打力だった。7回裏この回先頭の5番・桑田が右中間を破る二塁打を放ち、7番・岩田徹の中前安打で生還して勝ち越した。桑田はこの1点を守り切り、2－1で勝利した。

桑田が打たれた安打は7本、酒井は6本、自責点はともに1と、投球内容は互角だった。松山商は、酒井をはじめ2年生の選手が多く、翌年の戦いも期待されたが、翌年の夏は愛媛大会の準決勝で敗れた。酒井はその後近畿大に進学し、同校の全日本大学野球選手権大会2連覇に貢献し、日本ハムにドラフト1位指名された。

五、84年夏・第66回大会準決勝　対金足農（県立）
PLを苦しめた第1次金足農旋風

金足農	100	000	100	2
PL学園	000	001	02X	3

2018年の第100回大会で吉田輝星投手を擁し、強豪を次々に破り決勝戦に進出して「カナノウ旋風」を巻き起こした秋田の金足農。甲子園初出場は、春夏とも、84年だった。セ

ンバツでは1回戦の新津（県立）戦で、エース・水沢博文が8回二死まで無安打に抑え、あわやノーヒットノーランかという快投を演じた。二死後に安打を打たれたものの、1安打完封。しかも自ら3ランを放つ活躍で、一躍注目された。センバツでは2回戦で優勝した岩倉に敗れている。夏は1回戦で広島商を破って勢いに乗り、準決勝に進出した。

前評判はもちろん、PL学園が圧倒的に高かった。しかし金足農は、1回表にイレギュラーバウンドの内野安打で1点を先制する。その後は水沢の好投に加え、4回裏には清原のフェンス際の打球を中堅手・斎藤一広が好捕するなど、野手の好プレーもあって、PL学園に得点を許さない。6回裏に6番・北口の適時二塁打でPL学園が同点に追いつくものの、7回表には7番・原田好二の投手強襲打が桑田のグラブをはじく適時打となり、金足農が勝ち越す。

PL学園が敗れるのか、という雰囲気になったが、選手は冷静だった。8回表金足農は二死一、三塁の場面で、一塁走者を走らせたが、捕手の二塁送球を投手の桑田がキャッチし、飛び出した三塁走者を刺して、PL学園はピンチを脱した。その裏PL学園は一死後、4番の清原が四球で出塁し、5番・桑田のレフトポール際の大飛球が逆転の2ランとなった。

あと一歩のところで大金星を逃したが、金足農は晴れやかだった。この大会の総決算号である「週刊ベースボール・9月8日号増刊」に載った水沢のコメントが、チームの雰囲気をよく表している。

「ドリフターズの出ている〝全員集合!〟ってのがあるでしょう。あれは秋田では月1回しかないんです。それをこっちに来てもう3回も見ちゃった。これが一番うれしかったなあ」

秋田県にはTBS系列の民間放送がないことが関連しているが、地方と大都市圏では情報格差が大きかった。そうした事情もあってか、金足農の選手たちが甲子園に来てからの生活を、楽しんでいる姿が浮かんでくる。まだ公立校が勝つことが珍しくはない時代だったが、PL学園を苦しめた戦いは、34年後のカナノウ旋風に劣らぬインパクトを残した。

六、84年夏・第66回大会決勝戦　対取手二（県立）
血染めの投球の桑田　延長10回に力尽く

取手二	2	0	0	0	0	0	2	0	0	4	8
PL学園	0	0	0	0	0	1	0	2	1	0	4

名将として知られる木内幸男だが、甲子園大会に初めて出場したのは、77年の夏の第59回大会で、46歳になっていた。取手二は、元は女子校で無名の県立校であったが、木内監督の

指導で力を付け、62年夏の第44回大会、67年夏の第49回大会では茨城大会で優勝したものの、単独枠でなかった当時は、東関東大会でともに千葉の習志野（市立）に敗れ、甲子園には行けなかった。初めて甲子園に行った第59回大会で1勝したことで優秀な選手が集まるようになり、特に84年夏の3年生は、入学当初から期待していた選手たちであった。

ところで木内監督といえば、「木内マジック」と呼ばれる裏をかいた思い切った采配で知られるが、初めて甲子園大会に出場した第59回大会の大会号である「週刊朝日・増刊」では、木内監督を「エンド・ラン、重盗、スクイズなど奇策縦横の戦術家」と紹介している。ただ基本はノビノビ野球で、ＰＬ学園との決勝戦は、「大らか野球」対「システム野球」の対戦とも言われた。

決勝戦の日は、台風10号の影響で朝から雨が降り、試合開始は30分ほど遅れた。試合開始を待つ間ＰＬ学園の桑田は、そのまま延期になることを望んでいた。3回戦の都城戦で血マメを作り、準々決勝の松山商戦は我慢して投げた。準決勝の金足農戦では血を抜いたが、痛みは取れなかった。しかも準々決勝、準決勝と接戦だったので、疲労もたまっていた。

内野に土を入れて始まった試合は、1回表取手二が3番・下田和彦の二塁打に続き、4番・桑原淳也は中前安打。雨で湿った外野の芝で打球はスリップしたようになり、中堅手がトンネルした。その間に下田に続き、打った桑原も生還し、取手二が2点を先制した。ＰＬ学園は6回裏に1点を返したものの、7回表に取手二は1番・吉田剛の2ランで4－1と突き放す。

それでもPL学園は簡単には負けない。取手二の先発、エースの石田文樹を攻め、8回裏に6番・北口の三塁打などで2点を挙げる。そして9回裏、PL学園はこの回先頭の1番・清水哲が本塁打を放ち、同点に追いつく。さらに続く2番・松本康宏は死球で出塁する。「逆転のPL」の本領が発揮されようとしていた。ここで取手二の木内監督は、石田を右翼に回し、背番号9の左腕・柏葉勝己をワンポイントで登板させる。柏葉が1人を抑えたところで、石田を再度マウンドに戻す。石田を落ち着かせるための柏葉のリリーフであった。石田は後続を抑え、試合は延長戦に突入した。

PL学園の桑田はもう限界だった。血マメがつぶれた右手の中指は膨れ上がり、ボールには血がついていた。指にかかるカーブは投げることができず、直球を投げるしかなかった。10回表、走者2人を置いて取手二の5番・中島彰一がその直球を叩き、3ランを放って勝負は決まった。

四国の古豪・松山商、東北の金足農がPL学園を苦しめ、東京の通勤圏にある普通科高校の取手二が止めを刺す。取手二の勝利は、タイプの違う公立校の合作といえるかもしれない。大会前に木内監督は、秋からは常総学院の監督に就任することが決まっていた。最後だからノビノビとやろうという雰囲気が、絶対的な優勝候補のPL学園を飲み込んだ。

七、85年春・第57回センバツ準決勝　対伊野商（県立）
渡辺の好投に清原3三振

伊野商	2	0	0	0	0	1	0	0	0	3
PL学園	0	0	0	0	1	0	0	0	0	1

高知商は市立で「市商」と呼ばれるのに対し、伊野商は県立で「県商」と呼ばれる。伊野商はこの大会が、甲子園初出場であった。この大会の「サンデー毎日・臨時増刊」には、伊野商は「エース・渡辺の右腕に、すべてがかかる」と記されている。準決勝のPL学園戦で、メガネをかけたエースの渡辺智男の投球は、高校球界に衝撃を与えた。

試合は1回表PL学園の内野陣に2つの失策があり、伊野商が2点を先制する。その裏PL学園は三者凡退に終わり、2回裏は4番・清原が三振に倒れる。清原は4回裏の打席も三振する。それでも5回裏、9番・松山秀明の本塁打で1点差に迫る。松山は、夏は3番を打つ好打者だ。

しかし6回表伊野商は7番・横山博行の適時二塁打で1点を入れて突き放す。リードを2点に広げ、伊野商の渡辺は勢いを増す。清原は6回裏の打席は四球で出塁したが得点はならず、8回裏はクライマックスになった。二死一塁で清原を迎えると、渡辺はカーブと直球で2ストライクに追い込み、3球目は146キロの速球を外角にズバッと決めて、3球で三振に仕留めた。結局伊野商の渡辺は、PL学園打線を被安打6、自責点1に抑え、3－1で勝利した。

KKコンビのPL学園が決勝戦に進めなかったのは、この大会だけだ。試合後PL学園の選手たちはすぐに練習場に戻り、清原はマシンを150キロに設定して、夜まで練習した。この春の屈辱が怪物を目覚めさせ、夏のドラマにつながっていく。

PL学園を破った伊野商は、決勝戦でも帝京を破り、初出場ながら見事優勝した。しかし夏は高知大会の決勝戦で高知商に1－5で敗れた。高知商には中山裕章という好投手がおり、PL学園とまたもライバル対決を繰り広げることになる。

八、85年夏・第67回大会3回戦　対津久見（県立）

KKコンビだけではないPL野球の凄み

津久見	000	000	000	0
PL学園	000	201	00X	3

3年生、最後の夏を迎えたKKコンビだが、初戦（2回戦）の東海大山形戦を29－7と、記録的な圧勝で、改めて強さを印象付けた。3回戦の相手は大分の津久見。67年春の第39回のセンバツ、72年夏の第54回大会で優勝した九州の公立校の雄である。当時は休養日がなかったので、決勝戦に進出すれば、3回戦から4日連続で試合を行うことになる。

初回に失点をすることが多い桑田だが、この試合も1回表津久見は、1番・小山英己、2番・中村武志と連続安打。しかし強攻策に打って出て3番・佐藤直也は遊ゴロの併殺で、無得点に終わった。試合後津久見の山本一孝監督は、「初回の攻撃がすべて。1点だけでは桑田君を崩せないと思い、4、5点取るつもりで攻撃させた」と、語っている。

それでも津久見の田中英樹が好投。3回までは無失点に抑えた。4回裏PL学園は、5番・黒木泰典、6番・杉本隆雄の連続安打で無死一、三塁とする。続く桑田はファールフライ。津久見の捕手・吉田浩幸はバックネット近くで捕球する。すると一塁走者の杉本がタッチアップ。二塁への送球が悪送球になる間に三塁走者の黒木が生還した。結果として悪送球の間の生還となったが、正常な送球をしても、黒木は本塁を陥れたはずだ。打って点が入らなければ足で点を取る。PL学園の底力を見せつけた得点だった。さらに8番・本間俊匠の二塁打で1点を追加する。

それでも津久見は6回表二死一塁から4番・上島格がセンターに大きな当たり。打球はフェンス近くまで飛んだが、PL学園の中堅手・内匠政博は背走したうえに、ジャンプをして捕球。抜ければ完全に1点が入る場面であったが、堅守で得点を許さない。PL学園は6回裏にも1点を追加して3－0とした。この試合清原は、津久見の田中の慎重な投球により、中飛のほかは3四死球で、一発は出なかった。桑田は安打8本を打たれたものの無失点。打つ方は4打数で二塁打1本だったが、得点には絡まなかった。それでも、とかくKKコンビばかりが注目されがちだが、守備に、走塁に、チーム全体のレベルの高さをみせつけた勝利であった。

九、85年夏・第67回大会準々決勝　対高知商（市立）
KKアベック弾で高知の剛腕にとどめ

高知商	0	2	0	0	0	0	1	0	0	3
PL学園	0	0	4	0	2	0	0	0	X	6

高知商のエース・中山裕章は、この大会を代表する剛腕投手。1回戦の藤嶺藤沢戦は奪三振10、2回戦の志度商（県立、現志度）戦は奪三振12、3回戦の川之江（県立）戦は本調子でなく三振は4個どまりだったが、延長11回を投げ切った。そして迎えるPL学園戦。1年生の夏に対戦し、3回2／3を無失点に抑えている。一方PL学園にしても、センバツで高知の伊野商に敗れているだけに、同じ高知の本格派投手には負けるわけにいかなかった。

試合は2回表6番・川村建志の2ランで高知商が2点を先制する。しかしPL学園は3回裏2つの四球で走者が出た後、2番・安本政弘、3番・松山、6番・桑田と二塁打が3本出て一気に4点を挙げて逆転した。さらに5回裏、この回先頭の4番・清原は、レフトスタンドの中段まで飛んでいく、高校野球ではほとんどみることのない、超特大本塁打を放つ。これには高知商の中山も衝撃を受けた。さらに6番・桑田もライト・ラッキーゾーンに入る本塁打を放つ。このKKアベック本塁打がとどめとなった。高知商は7回表に1点を返したが、勝負の趨勢は決まっており、6－3でPL学園が勝ち、準決勝進出を決めた。

この試合で清原は3打数2安打で本塁打1本。準決勝でもこの大会で旋風を起こした滋賀の甲西（県立）を15－2で圧倒。清原は3打数3安打で本塁打2本と大当たり。絶好調の状態で、甲子園の高校野球ではKKコンビの最後の試合となる決勝戦を迎えた。

十、85年夏・第67回大会決勝戦　対宇部商（県立）
「甲子園は清原のためにあるのか」

	1	2	3	4	5	6	7	8	9	計
宇部商	0	1	0	0	0	2	0	0	0	3
PL学園	0	0	0	1	1	1	0	0	1X	4

宇部商はもともとエース・田上昌徳を中心とした守りのチームだった。この年のセンバツ大会号である「サンデー毎日・臨時増刊」の宇部商の評価は投90点、打85点、守備85点、総合85点というもので、寸評は「大会屈指の左腕・田上と二年生の大型捕手・田処はトップ級。打線がかみ合えば面白い」というものだった。この両校、センバツの2回戦で対戦し、PL学園が先発全員安打の猛攻により6－2で勝っている。

そして迎えた夏の甲子園大会、宇部商の田上は2回戦の鳥取西（県立）戦では、被安打2、奪三振13で完封したものの、3回戦以降は調子を落とし、準々決勝と準決勝は背番号11の古谷友宏のロングリリーフを受けていた。その一方で打撃が好調だったのが藤井進だ。準決勝までに本塁打を4本放った。その時点でこれは、大会の本塁打記録になっていた。宇部商時代、西鉄（現西武）からドラフト9位指名を受けたが、入団を拒否したという過去がある玉国光男監督は、決勝戦では控え投手だった古谷を先発に抜擢し、準決勝まで5番打者だった藤井を4番に上げた。

PL学園の桑田は、3回戦から4日連続で先発のマウンドに立った。当然疲れもあり、本来の状態ではない。2回表宇部商は四球で出塁した4番の藤井が二盗と、内野ゴロで三塁に進み、6番・福島紀明の右犠飛で生還し、1点を先制した。古谷は序盤3回を無失点に抑える好投をしたが、4回裏に清原に本塁打を打たれる。清原の本塁打はこの大会4本目で、宇部商の藤井と並んだ。さらに5回裏に1番・内匠の中前適時打でPL学園が逆転する。けれども6回表、一死一塁から藤井の三塁打で同点に追いついた。本来はエースだが、この試合は左翼手で出場している5番・田上の中犠飛で藤井が還り、宇部商が再度逆転する。

その裏PL学園は、清原が宇部商の中堅手・藤井の頭上を越え、センターのスタンドに入る特大の本塁打を放ち、同点に追いつく。これでこの大会の清原の本塁打は5本。当時の新記録となった。この試合の実況をしていた大阪・朝日放送の植草貞夫アナウンサーは、「甲子園は清原のためにあるのか」と叫んだ。

清原には打たれたものの、宇部商の古谷もよく投げていた。試合は3－3の同点のまま9回裏に進む。二死から2番・安本がテキサス安打で出塁する。打席には3番で主将の松山が入る。4番には清原が控える。安本は二盗する。中村監督は、最後は主将としてチームをまとめてきた松山で決めたいという思いもあった。宇部商の古谷としては、清原に回すわけにはいかなかった。その思いが制球を甘くする。松山がしっかり捉え、打球は右中間に転がった。ホームインする安本に次打者で控えていた清原がバットを持ったまま抱きつき、雄たけびを上げた。劇的な幕切れで、ＫＫコンビの3年間の甲子園での戦いは終わった。

ＫＫコンビが躍動した3年間は、高校野球史においても、特別な時代だった。桑田の3年間の甲子園での成績は20勝3敗。清原は3年間で放った本塁打は13本だった。清原の大会5本の本塁打記録は、２０１７年の夏、第99回大会で広陵の中村奨成に破られる。しかし、桑田と清原が3年間で積み上げた記録は、そうは破られないだろう。過去の甲子園のアイドルは、女性ファンが中心であったが、ＫＫコンビには大人から子供まで、幅広い層から声援を送られた。けれども、ファンの心理は気まぐれなところがある。結果を出さないと非難されるが、あまりに圧倒的すぎると、ヒールになる可能性がある。甲子園の観客は、もともと判官びいきの傾向がある。

ＫＫコンビのＰＬ学園の場合、2年生の時のセンバツで東京の岩倉に敗れたほか、各地方の公立校にも時に苦戦し、取手二、伊野商には敗れた。そして敗れるたびに、さらにグレードアップして甲子園に戻ってきた。ＫＫコンビの3年間は単なる英雄物語でなく、成長物語である。KKコンビと戦った公立校の選手たちも、重要なキャストであることは確かだ。

公立王国埼玉に出現した浦和学院

86年夏の第68回大会は、天理が古豪・松山商を破り、奈良県勢としては初の全国制覇を果たした。この大会では、浦和学院が初出場を果たし、87年のドラフト会議で西武に1位指名される2年生の強打者・鈴木健を擁し、いきなり準決勝に進出した。

埼玉県はもともと公立王国であった。75年夏の第57回大会で名将・野本喜一郎監督の下、原辰徳のいる東海大相模を破り準決勝に進出した上尾、70年代、上尾とライバル関係にあった熊谷商、51年夏の第33回大会で準優勝した熊谷、73年夏の第55回大会で準決勝に進出した川越工、68年の第40回のセンバツで優勝した大宮工など、公立校が競い合い、私立校は甲子園に行けなかった。

83年夏の第65回大会で、長嶋茂雄の長男・一茂を擁する立教(現立教新座)が全国的に注目されたが、埼玉大会の準決勝で優勝した所沢商(県立)に延長10回の0－1で敗れ、甲子園出場はならなかった。けれども立教はその2年後、甲子園出場を果たす。これが私立校初の夏の甲子園大会出場になった。センバツではこの年、秀明が私立校として初の甲子園出場を果たしている。私立校の甲子園初出場が85年というのは、東日本では最も遅い(全国的には、徳島県が2024年現在、私立校の出場はない)。

団塊ジュニアの学齢期に加え、国鉄からJRに移行する70年代から80年代にかけて、武蔵野線や埼京線の開通などで、埼玉県は東京へのアクセスが良くなり、人口が急増し、学校の新設も進んだ。73年夏の第55回大会の埼玉大会の参加校数は65校だったが、85年夏の第67回大会は150校と急増している。増加した学校の中に、浦和学院をはじめ、後の私立の強豪校も含まれている。

78年に創立した浦和学院は、84年に上尾の監督だった野本の招請に成功した。野本は就任にあたり、「3年で甲子園に行ってみせる」と語り、実際に86年の夏に実現した。しかし野本は埼玉大会を前に病で倒れ、浦和学院が甲子園での試合を行う2日前に帰らぬ人になった。64歳だった。91年に上尾時代の野本の教え子、森士が監督に就任する。翌92年のセンバツで準決勝に進出し、浦学時代が本格的に始まり、2013年のセンバツで優勝を果たす。

80年には春日部共栄が開校する。75年のセンバツで、原辰徳を擁する東海大相模を破り優勝する高知の主将であった本多利治は、日体大を卒業するとともに春日部共栄の監督に就任。93年夏の甲子園大会で準優勝する。

さらに82年には花咲徳栄が開校する。大東文化大の監督を経て、創価の監督だった83年夏に同校を甲子園初出場させた稲垣人司が、神奈川の桐光学園の監督を経て、88年に花咲徳栄の監督に就任すると強豪校へと成長した。2000年に稲垣監督が急逝したが、桐光学園時代の教え子で、花咲徳栄のコーチだった岩井隆が監督を受け継ぎ、2017年夏に全国制覇を果たす。

公立王国だった埼玉は、短期間のうちに私立の強豪校が競い合う県に変わった。

盤石のPL学園と常総学院の台頭

KKコンビの活躍で夏の甲子園大会で優勝した翌年（86年）、PL学園はセンバツには出場したものの、1回戦で浜松商（県立）に1－8で大敗した。PL学園のセンバツでの初戦敗退は20年ぶりということで、衝撃は大きかった。KKコンビの時代は、夏は3年連続で甲子園大会に出場していたため大阪大会の連勝記録が続いていたが、準決勝で初の甲子園大会出場を果たした泉州（現近大泉州）に0－1で敗れ、連勝は26で止まった。

新チームは秋季府大会の準決勝で大商大堺に0－2で敗れ、3位決定戦に勝って、かろうじて近畿大会に出場した。近畿大会では、準々決勝で大商大堺に逆転勝ちし、翌年のセンバツ出場を確実にしたものの、準決勝で明石（県立）に2－4で敗れている。

このようにセンバツ出場はギリギリだったが、そこはPL学園、戦力は充実していた。投手は87年のドラフト会議で大洋（現横浜DeNA）に3位指名される野村弘（プロ野球での登録名は野村弘樹）、右の本格派で同年のドラフト会議で巨人に1位指名された橋本清、プロには行かなかったが、制球力がいい岩崎充宏と、高校生では高いレベルの投手が3人いた。複数投手の意識がほとんどなかった当時としては、「三本の矢」と言われた投手陣は異例であった。それに、後に日本ハム、阪神で活躍する片岡篤史、87年のドラフト会議で中日に1位指名され、後に中日の監督になる立浪和義ら、投打にトップクラスの選手が揃っていた。

87年のセンバツでPL学園は、準々決勝でその年のドラフト会議で日本ハムに6位指名された好投手・芝草宇宙《ひろし》を擁する帝京と対戦。延長11回の熱戦になったが、PL学園が3－2でサヨナラ勝ちした。芝草は中堅手だった平山勝にワンポイントで打者1人にマウンドを譲ったが、ほぼ1人で投げ切った。それに対してPL学園は3人の投手をつないで勝った。準決勝の東海大甲府戦も延長14回の熱戦になったが、8－5で勝っている。東海大甲府はエースの山本信幸が204球を1人で投げ切ったのに対し、PL学園は3人の投手をつないだ。決勝戦は関東第一に7－1で圧勝し、センバツとしては5年ぶりの優勝を決めた。準々決勝、準決勝は延長戦にもつれ込む接戦になったが、三本の矢が充実しているPL学園は、相手投手が疲れるのを待って仕留めるという横綱相撲でもあった。

夏の甲子園大会では、センバツではベンチ入りできなかった当時2年生の宮本慎也がメンバーに加わった。後にヤクルトの内野手として活躍する宮本は、決勝戦に先発出場している。

そしてこの夏のPL学園は、もはや公立校で太刀打ちできるチームではなかった。

PL学園は1回戦で群馬の中央（県立）と対戦している。中央の監督は、前橋（県立）のエースとして78年のセンバツで、甲子園で春夏通じて史上初の完全試合を達成した松本稔だった。試合は1回裏PL学園が1点を先制したが、5回表中央は走者2人を置いて、1番の中島義久の三塁打で逆転する。なおも一死三塁で追加点のチャンスだったが、PL学園は先発の野村に代えて、速球派の橋本をマウンドに送る。2番・田村克弘はスクイズを敢行するが、橋本の速球に合わせることができず、スクイズ失敗。三塁走者の中島はアウトになり、追加点はならなかった。中央のエース、2年生の小島英司は好投したが、6回裏に同点に追いつかれた後、8回裏に力尽きて5点を献上して、7－2でPL学園が勝った。PL学園の試合運びは、当時としては高校生離れしていた。

PL学園は準決勝で春に続き帝京と対戦した。帝京のエース・芝草が背筋痛だったとはいえ、12－5で圧勝した。

決勝戦の相手は、取手二の監督だった木内幸男が率いる常総学院だった。

1905年、土浦市の常福寺に旧制常総学院中が創立されたが、戦況が悪化した43年に閉鎖された。戦後になり再興の動きがあり、83年に学校法人常総学院が開校した。木内監督は、取手二の監督になる前に土浦一（県立）の監督だったが、常総学院の理事長が土浦一時代の教え子だった縁で恩師である木内を勧誘し、木内は84年の秋に同校の監督に就任している。

木内が監督ということで、優秀な選手が集まった。現在常総学院の監督である島田直也は、87年のチームのエース。その年、ドラフト外で日本ハムに入団している。後に巨人などで活躍する仁志敏久は、この大会で1年生ながらレギュラーで出場し、決勝戦では3番打者だった。

常総学院は2回戦でその年のドラフト会議で中日に3位指名される好投手である沖縄水産（県立）の上原晃を初回に攻略し7－0で大勝すると、3回戦では日米のプロ野球で活躍した剛腕・伊良部秀輝を擁する尽誠学園に完勝。準々決勝では名門・中京を相手に、8回裏に4点を入れて逆転で勝ち、準決勝は広島に1位指名される川島堅を擁する西東京の東亜学園を延長10回の熱戦の末に破り、決勝に進出した。

決勝戦ではＰＬ学園に2－5で敗れたが、再興という形で学校が創立して4年で、甲子園で準優勝した木内監督の手腕は、改めて評価された。ＰＬ学園は春夏連続優勝。センバツ前は投手の柱がいないとも言われたが、3人の力のある投手を擁しての優勝は、時代の先端を行くものだった。しかしそれは、選手層が薄い公立校には真似できないものでもあった。

恵まれた練習環境、幅広く自由度の高い人材確保、それに明徳義塾、浦和学院、常総学院のように、公立校の監督として実績を残している指導者が土台を作った私立校の台頭により、公立校は厳しい状況になっていった。

なお、87年の夏の甲子園大会では、智弁和歌山も夏の甲子園初出場を果たしている。

第4章

団塊ジュニアの時代

～古豪復活の一方で新勢力も続々登場

1989年夏「週刊ベースボール」9/9増刊号

四国の勢力図の変化

四国の高校野球は長年、松山商、高松商、徳島商、高知商という「四国四商」と呼ばれる公立の商業高校がリードしてきたが、昭和から平成の移行期に、新たな公立の強豪が台頭してきた。特にそれが目立つのがセンバツ大会だった。88年のセンバツでは、上甲正典監督率いる愛媛の宇和島東（県立）が、初出場で優勝を果たした。夏は前年の大会で初出場しているものの、初戦で敗れたためそれほど目立たなかったが、88年のセンバツ優勝で、当時40歳の上甲監督の名は全国に広まった。上甲監督は宇和島東を卒業した後、龍谷大を経て、松山市内で医薬品会社に4年半勤めた。その後故郷に戻って薬局を開業する一方で後輩を指導し、82年の夏に監督に就任し、全国レベルの強豪に育てた。

86年のセンバツは池田（県立）が優勝しているので、83年、86年は池田、85年は伊野商（県立）、88年は宇和島東と、6年の間に四国の公立校が4回優勝したことになる。また95年のセンバツは、香川の初出場、観音寺中央（県立）が優勝している。短期間のうちに伊野商、宇和島東、観音寺中央と四国の初出場の公立校が優勝したことも、特筆すべきことだ。88年には本州と四国を結ぶ瀬戸大橋が全線開通し、四国の人たちの生活も変化が起きていたが、高校野球の勢力図も変わりつつあった。

もっとも、池田は２０１４年のセンバツに出場しているものの、これらの公立校は21世紀の甲子園では、ほとんど姿をみせていない。観音寺中央は統廃合により観音寺総合という校名になっている。

昭和最後の大会を制した広島商

88年夏、第70回大会の甲子園大会は、公立校の健闘が光った大会だった。ベスト8に浜松商、沖縄水産、宇部商、広島商、津久見（以上、県立）、浦和市立と公立校が6校を占め、私立は江の川（現石見智翠館）と福岡第一だけだった。前年の第69回大会の8強で公立校は習志野（市立）と北嵯峨（府立）の2校だけ。翌年の第71回大会の8強で公立校は倉敷商（県立）だけなので、第70回大会の公立校の躍進ぶりが際立っている。その中で、特に印象に残っているのが浦和市立だ。

浦和市立は、その年の春季県大会は初戦で敗退。夏の埼玉大会では準決勝で川口工（県立）を8回に逆転して破るなどして甲子園大会の出場を決めたものの打率は出場校のうちで最下位。甲子園大会に出場する他校に比べると、選手は小さく、細く、とても勝てるようなチームには思えなかった。強いて似たようなチームを探せば、80年の夏に都立校として初めて甲子園大会に出場した国立が思い浮かぶ。けれども、国立は1回戦で箕島（県立）に0－5で敗れたが、浦和市立は勝ち進んだ。

中村三四監督が「低打率魂」と語る打線は、1回戦の佐賀商（県立）に15安打を放ち5－2で勝つと、2回戦は当時2年生の仁志敏久を擁する前年準優勝の常総学院を6－2で破り、3回戦はその年のセンバツの4強で、後にヤクルト監督になる真中満を擁する宇都宮学園（現文星芸大付）を延長10回2－1で破り、準々決勝に進出した。準々決勝は強力打線の宇部商（県立）を延長11回の激戦の末、7－3で破った。ピンチになっても選手たちは常に笑顔。負けていい、思い切っていこうという、伸びやかさが強豪校を呑んでいった。

準決勝の相手は古豪の広島商。広島商は足攻を絡めて2点をリードするが、浦和市立は6回表に同点に追いつく。その裏広島商は一死満塁から8番・伊藤正がスリーバントスクイズを決めて勝ち越し、さらに1点を追加して逃げ切った。試合後のあいさつでも、広島商の校歌が流れている時も、浦和市立の選手の顔には充実の笑顔があった。

浦和市立に勝って決勝戦に進出した広島商だが、準々決勝の津久見戦が大きなヤマとなった試合だった。津久見のエースは、後にヤクルトなどで活躍する川崎憲次郎。この大会を代表する本格派で、ボクシングヘビー級の王者マイク・タイソンになぞらえ、「九州のタイソン」と呼ばれていた。

当時の広島商の監督の川本幸生は、同校が73年のセンバツで準優勝、夏の甲子園大会で優勝した時の二塁手だった。センバツの準決勝では、「怪物」と呼ばれた江川卓を擁する作新学院を破っている。その時の作戦は、前半江川に多くの球を投げさせ、機動力で揺さぶって攻略するというもので、作戦通り江川を攻略した。津久見の川崎に対しても、打者1人に5球以上投げさせ、5回までに100球以上投げさせたうえで、機動力で揺さぶるというものだった。実際に川崎は5回までに106球を投げ、走者を出すと何をするか分からず、うるさいという思いが、川崎の投球に影響を与え、5－0で広島商が勝った。「怖さはなかったけど、いやな打線でした」と川崎は語っている。

決勝戦で対戦した福岡第一のエース・前田幸長は、後にロッテ、中日、巨人などで活躍する好投手だった。決勝戦は広島商の主戦投手である上野貴大と福岡第一の前田の投手戦になった。福岡第一は2回裏にスクイズの失敗などがあり得点できず、両チーム無得点のまま9回に進んだ。9回表広島商は4番・重広和司のライト線ギリギリに入る適時二塁打で決勝点を挙げ、川本監督が現役の時以来の15年ぶり6回目の優勝を決めた。

広島商は82年夏の決勝戦で「やまびこ打線」の池田に2－12で敗れ、「広商野球の時代は終わった」と思われていた。復活を期して行ったのが、広商野球の徹底だった。どんな状況でもバントができるように、緊張感のある状況を作ってバントの練習をし、集中力を養うために一握りの米粒を机の上に撒いて、一粒、一粒数えるといったことも行った。大会5試合での犠打26は当時の最多記録であった。ただ最後の決勝打は4番の重広だったように、小技だけではない、攻撃の厚みをみせての全国制覇だった。

広島商の夏の全国制覇は6回目。この時点で中京（現中京大中京）と最多優勝回数で並んだ。広島商の優勝は全て昭和時代のものだ。この大会の翌月、昭和天皇が重病であることが報じられ、日本中で自粛ムードになり、秋の明治神宮野球大会なども中止になった。そして年明け早々に昭和は終わった。広島商は、昭和最後の大会で優勝したことになる。

帝京初の全国制覇

平成最初の甲子園大会となった89年のセンバツは、東邦が48年ぶり4回目の優勝を決めた。当時の高校球界最強の打者だった元木大介を擁する上宮との決勝戦は、延長10回表に上宮が1点を勝ち越したが、その裏二死から上宮の守備の乱れもあり、東邦が逆転サヨナラ勝ちした。東邦の阪口慶三監督は当時44歳であったが、67年から同校の監督を務めており、ベテランの貫禄があった。

2年後のセンバツでは広陵が65年ぶり2回目の優勝をしており、センバツでは伝統校の復活優勝が続いた。広陵の中井哲之監督は当時28歳。90年4月に監督に就任したばかりであった。中井監督は２００３年のセンバツでも優勝。07年、17年夏の甲子園大会では準優勝しており、91年のセンバツから名将としての歩みが始まった。

平成最初の夏の甲子園大会でも、1人の名将が初の全国制覇を果たした。帝京の前田三夫監督だ。

49年生まれの前田監督は、木更津中央（現木更津総合）から帝京大に進んだが、レギュラーではなかった。それでも指導力を買われ、卒業とともに帝京高校の監督に就任する。大学卒業前に部員たちと顔合わせをした場で、「甲子園を目指そう」と語ると、大笑いされた。それでも厳しく指導すると、部員は4人になった。4月に新入生を勧誘し、20人が入部した。さらに中学校を回り熱心に働きかけ、次第にチームが整っていった。甲子園には78年の第50回のセンバツに初出場。その年の夏は、東東京大会の決勝戦で当時は新宿区にあった早稲田実と対戦し、6回までに10－4と大きくリードしていた。しかし7回に5点、8回に4点を入れられ逆転負けした。80年のセンバツでは、後にヤクルトの主戦投手になる伊東昭光を擁し準優勝するが、夏は東東京大会の準決勝で1年生の荒木大輔投手を擁する早稲田実に敗れた。前田監督の前に、和田明監督率いる早稲田実が立ちはだかった。

83年のセンバツでは、大会号の「サンデー毎日・臨時増刊」の表紙に、「池田を追う広島商・興南・帝京」と書かれるほどの優勝候補だった。1回戦は優勝候補の本命である水野雄仁投手を擁する池田と対戦することになった。1回戦屈指の好カードとして注目されたが、大会前、メディアの企画で行われた蔦文也監督との対談で、百戦錬磨のベテラン監督のオーラに前田監督は圧倒され、戦う前に負を悟った。実際0－11で惨敗する。そこからフィジカルの強化など、蔦監督の野球を徹底的に研究し、実践する。そしてこの年、夏の甲子園大会初出場を果たす。

平成最初の大会となった89年のセンバツも、吉岡雄二がエースで4番で牽引する帝京は、東邦とともに優勝候補だった。しかし吉岡が乱調で、1回戦で報徳学園に6－7で敗れた。それでも吉岡は8回に特大の3ランを放ち打つ方で存在感を示した。

夏の東東京大会を前にした6月に、吉岡は左足をねん挫し、調整が遅れた。東東京大会で優勝したものの、背番号9の池葉一弘が24回投げたのに対し、吉岡は14回で、池葉が投手陣の中心になっていた。それでも甲子園で勝ち抜くには、吉岡の復調が不可欠であった。

帝京にとって幸運だったのは、組み合わせ抽選で帝京は2回戦からの登場で、初戦は大会6日目になったことだった。帝京は初戦の米子東（県立）戦で、打線はやや苦しんだものの吉岡は被安打5で完封し、3－0で勝利。3回戦、山口の桜ケ丘戦では吉岡が本塁打を放ち10－1で圧勝。一気に決勝戦に進出した。決勝戦は吉岡と仙台育英の大越基の力の入った投手戦になり、延長戦に突入したが、延長10回表に帝京が2点を入れ、2－0で勝利し、悲願の全国制覇を成し遂げた。

前田監督の野球に大きな影響を与えた池田の蔦監督であるが、この大会の総決算号である

「週刊ベースボール・増刊」によれば、蔦監督は、「いまに、あの監督は天下を握る人じゃ。前田はんには、そういった器量があるでよ」と話していたという。前田監督率いる帝京は、92年のセンバツ、95年の夏の甲子園大会でも優勝。「東の横綱」と呼ばれる存在になった。

創部4年で全国制覇の大阪桐蔭とPL学園

90年の夏、地方大会の参加校は4027校で、初めて4000校を突破した。この年の甲子園大会は、天理が沖縄県勢として初めて決勝に進出した沖縄水産を破り4年ぶり2度目の優勝をした。身長189センチの3年生エースの南竜次と、190センチの2年生・谷口功一の長身投手陣の存在感を示した。天理は97年のセンバツでも優勝している。初の甲子園は54年のセンバツで、長期間の安定した強さが際立っている。

91年の夏の甲子園大会では、大阪桐蔭が創部4年で全国制覇を果たした。

大阪桐蔭の母体になったのは、大阪市城東区の大阪産大高（現大阪産大付）である。80年にPL学園の監督を退任した山本泰（旧姓鶴岡）は、大阪産大高の監督に就任した。当時の大阪産大高はせいぜい3回戦止まりの学校だったが、山本監督は厳しく指導したため、60人くらいだった部員は、8人まで減少した。それでも残った8人に加え、PL学園での実績がある山本監督を慕って入部してきた部員により、力を付けてきた。82年の秋季府大会では3位になり、近畿大会出場を決めた。近畿大会では初戦で滋賀の長浜北（県立）に敗れセンバツ出場はならなかったが、手腕の確かさを示した。

山本が大阪産大高の監督に就任したのは、学校がスポーツに力を入れ始めたからであり、大東市龍間に専用グラウンドと室内練習場まで作った。84年夏の大阪大会では、準決勝で桜宮（当時は市立）を延長15回の熱戦の末破り決勝戦に進出した。決勝戦の相手はＫＫコンビが2年生のＰＬ学園。清原和博に本塁打を打たれ、桑田真澄に4安打に抑えられ完封負けした。

ちょうどこの時期、団塊ジュニアの高校進学に備え、各校に募集定員の増加が求められていた。大阪産大高は83年に、大阪産大の大東市のキャンパスの敷地を転用して臨時分校である大東校舎を開設した。その大東校舎が88年に独立して大阪桐蔭となった。

ただし野球は大阪産大高と大阪桐蔭に分散することは大阪府高校野球連盟から認められず、既存の大阪産大高の野球部は大阪桐蔭となり、大阪産大高の野球部は、その年の新入生から再結成されることになった。この時、大阪桐蔭の所属になった選手に、後に中日のエースになる今中慎二がいた。今中投手を擁する大阪桐蔭は、大阪大会の初戦で茨木（府立）に延長12回1－2で敗れた。

山本監督はそのまま大阪産大高に残り新生・大阪産大高を立ち上げたが、90年に法政大の監督に就任した。一方大阪産大高から独立した大阪桐蔭のチーム作りに奔走したのは、山本のＰＬ学園時代の教え子であった森岡正晃である。森岡はＰＬ学園が初の全国制覇を果たした78年に入学した。３年生では主将であったが、甲子園には行けなかった。近畿大では高校の恩師である山本監督の助言もあり教員免許を取得し、卒業後は大阪産大高の教員になり、野球部のコーチにもなった。そして88年からは大阪桐蔭の野球部の部長になった。

今中がドラフト1位で中日に指名されたものの、大阪桐蔭自体は、無名の新設校に過ぎず、選手集めに苦労した。そうした中、大阪桐蔭のある大東市には、大東畷ボーイズという全国大会で優勝した強豪チームがあった。2年生で90年の天理の優勝メンバーになった谷口功一は、このチームのエースであった。そして中心打者の井上大が家族とよく行く中華料理店を森岡が訪ね、井上を説得した。井上が入学するということで、井上とともに大東畷ボーイズの中心打者であった萩原誠のみならず、全国大会の決勝で大東畷ボーイズに敗れた京都ファイターズの玉山雅一も大阪桐蔭に集まった。91年夏の甲子園で優勝した大阪桐蔭で玉山は主将で1番打者、井上は3番、萩原は4番を担った。井上は、プロ入りはしなかったが、東洋大や社会人野球で活躍。２０２３年からは東洋大の監督に就任している。

監督は関大一から関西大に進み、社会人野球の大丸で活躍した長沢和雄が就任していた。90年の秋の府大会で優勝し、近畿大会でも準決勝に進出して翌年のセンバツに出場した。センバツでは初戦で仙台育英と対戦し、エースの和田友貴彦がノーヒットノーランを達成し、

10－0で圧勝した。2回戦では箕島（県立）を6－4で破り準々決勝に進出。準々決勝では1回戦で鈴木一朗（イチロー）投手を擁する愛工大名電を破った松商学園と対戦し、0－3で敗れたものの初の甲子園で十分に存在感を示した。

夏は大阪大会の決勝で井上、萩原らの本塁打もあり近大付を8－4で破り、甲子園大会出場を決めた。甲子園では3回戦で秋田（県立）に苦しんだものの、延長11回表の6番・沢村通の本塁打により勝ち越し4－3で勝利。沢村は史上3人目のサイクル安打を達成した。準々決勝は帝京を11－2で破り、準決勝は2年生の強打者・松井秀喜を擁する星稜を7－1で破って決勝に進出。決勝戦では2年連続で決勝に駒を進めた沖縄水産を13－8で破り優勝を果たした。

大阪桐蔭の創部4年での全国制覇は、甲子園に新たな強豪が出現したことを意味する。しかし当時はまだPL学園も健在であり、大阪大会を勝ち抜くことも容易ではなかった。

沖縄水産の健闘とエース酷使の波紋

PL学園の黄金時代の後、夏の甲子園大会で最も輝いていたのは、沖縄水産だった。88年の第70回大会では、68年の第50回大会の興南以来の沖縄県勢の準決勝進出を果たした。90年の第72回大会では沖縄県勢初の決勝進出を果たし、翌年も決勝進出を果たした。「ハイサイおじさん」のメロディーに指笛を鳴らしての応援は、すっかり甲子園名物になった。

沖縄水産の快進撃は、栽弘義監督抜きには語れない。栽監督の名が全国に広まったのは、75年の第47回のセンバツ大会であった。栽が率いる豊見城(県立)は、準々決勝で当時2年生の原辰徳を擁する東海大相模と対戦。2年生のエース・赤嶺賢勇の好投で9回表まで1－0で豊見城がリードする。9回裏東海大相模は3番の原が三振に倒れ二死。あと1人で豊見城の勝利だったが、そこから安打が4本続き、東海大相模が逆転サヨナラ勝ちした。それでも、優勝候補の東海大相模を土俵際まで追い詰めた健闘は高く評価された。もっともこの大会で栽は監督ではなく、部長として指揮を執った。家庭の事情で入学が遅れ、年齢制限で試合に出ることができない3年生の亀谷興勝を監督にしたからである。栽の指導は厳しいことで知られているが、こうした温情も強さの要因だろう。

76年から78年は、栽監督率いる豊見城が夏の甲子園大会で3年連続8強に進出。沖縄のチームは弱いというイメージを一掃した。

41年生まれの栽監督は、4歳の時、沖縄戦で背中や足に火傷を負い、3人の姉も失った。戦後、アメリカ統治が続く中、糸満高校(公立)を卒業した後、愛知の中京大に進学する。そこで中京商(現中京大中京)の監督や部長として甲子園大会で優勝している滝正男の教えを受けた。そして松山商(県立)や広島商といった強豪校にも通い、練習方法を学んだ。沖縄に戻り、64年に小禄（公立）の監督になり、高校野球の指導者生活を始めた。71年に豊見城に赴任し、結果を残すようになった。

その栽監督が、80年に高校野球では全く無名の沖縄水産に異動したというニュースは、驚きであった。しかし沖縄水産では学区に関係なく、沖縄全域から生徒を集めることができた。86年の夏は、速球派の2年生エース・上原晃を擁し準々決勝に進出している。翌年の夏の甲子園大会は2回戦で敗れたものの、その翌年に準決勝に進出した。

90年夏の第72回大会で沖縄水産は、88年夏の第70回大会の広島商に並ぶ26犠打を記録。決勝戦では天理と対戦した。天理の南竜次と沖縄水産の神谷善治の投手戦になったが、天理が数少ないチャンスを生かし1点を先制。天理が1点リードのまま迎えた9回裏二死二塁から沖縄水産の9番・横峯孝之の打球はレフト線への長打コース。懸命に打球を負った天理の左翼手・小竹英己が最後はジャンプして好捕。沖縄水産の全国制覇はならなかった。

この試合に沖縄水産の5番・右翼手で出場していた大野倫は、新チームからはエースになった。しかし大野は、翌年の春に肘を痛めた。さらに大野に劣らぬ実力のあった投手が5月に内臓を患い入院。退院後も激しい運動は医者から止められていた。

「うちは、投手は大野一人」と栽監督が公言する中で迎えた夏の大会。大野は肘を痛めながらも甲子園大会出場を果たし、大会初日に1回戦を迎えた。南北海道の北照に10安打を打たれながらも4－3で勝利した。試合後1泊2日で佐賀県まで行って肘の治療を受けている。大野の帽子のひさしの裏には「辛抱」と書かれていた。2回戦は明徳義塾、3回戦は宇部商、準々決勝は柳川、準決勝は鹿児島実と大野は打たれながらも勝ち上がった。大野自身4番打者でもあり、打者としても活躍した。

けれども決勝戦の大阪桐蔭戦。限界を超えており、スローボールしか投げられない大野の投球は痛々しかった。結局16安打を浴びて13失点。大野は打撃では5打数2安打1打点と4番の役割を果たしたが、8－13で敗れた。大野の右腕は閉会式の時も曲がったままだった。これで大野の投手生命は絶たれた。

この痛々しい投球が議論を呼び、日本高校野球連盟が選手の障害予防に取り組むきっかけになった。93年からは出場校の投手の肩肘の検査が行われるようになり、94年からは重い故障者は投球禁止になった。それに伴い、ベンチ入りの人数もそれまでの15人から16人に広がった。

もっとも、当時は雨天中止がない限り、優勝するには最低でも3連投、場合によっては4連投になった。症状の軽重はあっても、大半の投手が何らかの故障を抱えていた。90年に準優勝した沖縄水産の神谷も肘を痛め、電気治療を受けたり、点滴をしたりしながら試合に臨んでいた。86年に天理が優勝した時のエースの本橋雅央は地方大会の前から肘を痛めており、甲子園の決勝戦には、痛み止めの注射を打って臨んだ。ほかにも甲子園で本来の投球ができず、遅いボールしか投げられない投手もいた。

本来は、無理して投げさせてはならない。しかし、頑張って投げているエースをチームみんなで支えようというのが、当時の価値観だった。漫画「巨人の星」の主題歌の2番に「腕も折れよと　投げ抜く闘志」という歌詞があるように、痛みに耐えて根性で投げている投手を美化する空気もあった。

あの夏の投球について大野は、「ぼくは最後まで投げさせてくれた感謝しかない」(2017年5月17日付「朝日新聞」)と、恩師への思いを語っている。

九州勢の躍進

92年、甲子園球場の外野のラッキーゾーンが撤去され、本塁打を打つのが難しくなった。しかしその年のセンバツで星稜の松井秀喜は、1回戦で2本、2回戦で1本の本塁打を放ち、高校生離れしたパワーをみせつけた。けれども準々決勝で天理に敗れ、優勝はできなかった。

1年生の夏から甲子園大会に出場している星稜・松井にとって、92年夏の第74回大会は、高校生活最後の甲子園になった。1回戦の長岡向陵(県立)戦では、松井の三塁打などにより11－0で圧勝した。しかし2回戦の明徳義塾戦は、物議を醸すことになる松井に対する5

打席連続敬遠があり、2－3で敗れた。明徳義塾には抗議が殺到し、警官が宿舎を警備する騒ぎになった。明徳義塾は3回戦で広島工（県立）に0－8で完敗した。

この大会は、決勝戦で拓大紅陵を1－0で破った福岡の西日本短大付が初優勝を飾った。エースの森尾和貴は5試合を1人で投げ抜き、4試合を完封。準々決勝の北陸戦で自責点1を記録したものの、失点・自責点はこの1点だけだった。また大会を1人で投げ抜いて優勝したのは、81年夏の第63回大会で優勝した報徳学園の金村義明以来であった。

九州勢の優勝は72年夏の第54回大会の津久見（県立）以来20年ぶりであった。20年の間に決勝戦に進出したのは沖縄を含めても88年の第70回大会の福岡第一、90年の第72回大会、91年の第73回大会の沖縄水産だけだった。センバツでもこの時代に決勝戦に進出した学校はなく、九州勢は低迷の時期にあった。

九州勢で20年ぶりに全国制覇を果たした西日本短大付は、62年に開校したが生徒が集まらず、経営難に陥った時期もあった。そこで野球を中心にした「スポーツ立校」の方針を打ち出し、ナイター設備の整った専用グラウンドを整備する一方で、83年夏の甲子園大会で久留米商（市立）を準決勝に導いた森秀勇監督を翌年の春、監督に招聘した。すると福岡大会の3回戦止まりだったチームは、86年の夏に甲子園大会出場を果たす。この年の12月に森監督は辞任し、翌87年1月に新日鉄堺の監督だった浜崎満重が新監督に就任した。浜崎監督は、ドジャースなどメジャーリーグで活躍する野茂英雄が新日鉄堺に入社する年に西日本短大付の監督に就任したため、入れ違いになったが、野茂をスカウトした人物だった。その浜崎監督が、「先のことは分からないけど、高校時代は野茂より森尾の方が上」と評価する森尾が全国制覇の立役者になった。森尾は高校卒業後、新日鉄八幡に就職したが、右肩を痛め、プロ入りすることはなかった。

93年夏の第75回大会は、第70回大会の広島商や第72回大会で沖縄水産が記録した26犠打を超える、30犠打を記録した兵庫の育英が、決勝戦で春日部共栄を3－2で破り初優勝した。現在日本代表監督である井端弘和は、この大会に堀越の遊撃手として出場している。この年は冷夏で雨が多かった。堀越は2回戦で鹿児島商工と対戦。0－3とリードされた8回表に雨が強くなり、コールドゲームで敗れた。当時は7回が終了すれば試合が成立した。

堀越に勝った鹿児島商工は3回戦で常総学院と対戦したが、4－0とリードした4回表に降雨で試合は中断しノーゲームになった。翌日1回から仕切り直しとなった試合は、投手戦となり0－1で敗れた。敗れはしたがエースの福岡真一郎は、2年生ながら完成度の高さは大会でトップクラスの評価を得た。頭脳的なリードが評価された捕手の田村恵も2年生。翌年の成長が注目された。

94年に鹿児島商工は樟南と校名を変更した。そして夏、福岡・田村のバッテリーは甲子園に戻ってきた。当然優勝候補であり、順当に決勝戦に進出した。相手は佐賀の伝統校である佐賀商（県立）で、史上初の九州対決の決勝戦になった。

佐賀商は佐賀大会をノーシードから勝ち上がり、甲子園大会に駒を進めた。エースの峯謙介は2年生、4番の田中浩一郎は1年生という若いチームは、開幕戦で浜松工（県立）を6－2で破ると勢いに乗った。準々決勝は6－3で北海に勝ったものの、第4試合であるうえに、雨による中断もあり試合終了は夜の8時42分だった。準決勝は翌日の午前11時という強行日程で佐久（現佐久長聖）と対戦。0－2とリードされながら9回裏に2年生の3番打者・山口法弘の三塁打などで同点に追いつき、延長10回、山口のサヨナラ安打で決勝進出を決めた。

連日の激闘で佐賀商のエース・峯は疲れており、握力がないような状態だった。そのため2回裏に3点を失う。しかし粘る佐賀商は、6回表に3点を入れて同点に追いついたものの、その裏樟南は1点を勝ち越す。それでも佐賀商は8回表に準決勝の打のヒーロー・山口の適時打で同点に追いつく。そして9回表、先発メンバーのうち3年生は4人だけだが、勝負を決めたのは3年生で主将の2番打者・西原正勝だった。西原は満塁本塁打を放ち、8－4で佐賀商が、佐賀県勢として初の優勝を決めた。

九州勢は72年の津久見以来、優勝から遠ざかっていたが、西日本短大付が20年ぶりに深紅の大優勝旗を九州にもたらし、94年の九州勢同士の決勝戦で存在感を示した。佐賀商は開幕戦に勝ち、決勝戦は満塁弾で勝負を決めたが、それは、「がばい旋風」と呼ばれた２００７年の佐賀北（県立）の優勝と重なる。また04年、駒大苫小牧の監督として北海道に初めて深紅の大優勝旗をもたらした香田誉士史《よしふみ》は、佐賀商の出身で、94年の４月に母校のコーチに就任していた。

佐賀商と準決勝で対戦した佐久は、この大会が甲子園初出場。福井の敦賀気比もこの大会に初出場しており、北信越にも新しい勢力が台頭し始めていた。またこの大会には、福島県立の双葉が３回目の出場を果たしている。双葉は初戦（２回戦）で市和歌山商（現市和歌山）相手にエースの田中貴章の被安打２の完封により１－０で勝ち、３回戦は準優勝の樟南と対戦し、１－４で敗れた。双葉は２０１１年の東日本大震災および原発事故により休校、生徒募集停止になっており、現状のままだと、これが最後の甲子園での戦いになる。

日大三OBが開花させた拓大紅陵、二松学舎大付、関東第一

92年夏の甲子園大会で準優勝した千葉の拓大紅陵は、優勝した西日本短大付とは異なりタイプが違う４人の投手を使い分けて勝ち進んだ。78年に創立した拓大紅陵の野球部の基礎を築いたのは81年から監督に就任した小枝守だった。51年生まれの小枝は日大三の出身で、68

年の第40回のセンバツに出場。71年にはコーチとしてセンバツの優勝を経験し、76年から81年までは監督を務めた。81年8月、小枝は「原点に戻って指導がしたい」と、創部間もない拓大紅陵の監督に就任したが、当時はグラウンドというより、単なる空き地で練習をしていた。その状況をみた日大三の教え子たちは、整地用のバケツとスコップ、トンボを贈った。83年に開校した姉妹校である志学館の中に専用グラウンドが完成し、84年の春と夏に甲子園大会初出場を果たした。そして92年、夏の甲子園大会出場4回目にして、準優勝を果たした。84年に甲子園初出場を果たした時に主将だった坂巻展行が、現在監督を務めている。

小枝が拓大紅陵の監督に就任して間もない、82年春のセンバツで二松学舎大付が準優勝した。このチームの監督である青木久雄も日大三の出身だった。40年生まれの青木は、高校の時は主にマネージャーだったが、日大在学中に日大三のコーチになり、64年に監督に就任した。その年、センバツに出場したが、夏の甲子園大会は65年、66年と東京大会の決勝戦で敗れ出場できず辞任している。その年、二松学舎大付を紹介され監督に就任した。71年夏の東京大会、74年夏の東東京大会と決勝戦に進出するなど実力をつけていったが、なかなか甲子園には届かなかった。79年の秋季都大会で優勝し、翌年のセンバツに二松学舎大付としては甲子園大会初出場を果たした。そして82年のセンバツでは、左腕の好投手・市原勝人を擁し、準優勝している。現在の二松学舎大付の監督は、市原が務めている。

青木は、84年に再び日大三の監督に就任した。再任後、94年に退任するまでの間、甲子園大会の出場は85年の夏と94年の春の2回だけだが、先輩、後輩の厳しい上下関係を取り払い、裏方を大事にして、その後の発展につなげた。

小枝が拓大紅陵の監督に就任した81年、関東第一の監督に小倉全由《まさよし》が就任した。57年生まれの小倉は、日大三の部員時代は肩を痛め、背番号は二けただったが、副主将としてチームを支えた。日大に進学したが、その時日大三の監督だった小枝に声をかけられてコーチになり、指導者生活を始めた。そして81年に関東第一の監督に就任すると、猛練習で鍛え上げ、83年には東東京大会の決勝に進出した。この時は、夏の甲子園大会初出場を果たした帝京に敗れた。翌年の秋は1次予選の準決勝で帝京と対戦し、1－10で大敗した。翌85年のセンバツで帝京は決勝戦で伊野商に敗れたものの、準優勝している。その帝京と東東京大会の決勝戦で対戦。大方の予想を覆し、関東第一が12－5で大勝し、甲子園初出場を決めた。優勝インタビューで小倉監督は、男泣きした。この年の甲子園大会で関東第一は準々決勝に進出。87年のセンバツでは、決勝戦で立浪和義らを擁するPL学園に敗れたものの、準優勝を果たした。

小枝、青木、小倉といった名将を輩出した日大三は戦前の31年に創部した古豪で、38年の春と夏に甲子園大会に初出場を果たしている。71年のセンバツで優勝、62年と72年のセンバツでは準優勝している伝統校だ。76年に赤坂から町田市に移転し、夏の地方大会も東京から西東京に変わった。当時の西東京では、日大三の実績は他を圧倒しており、甲子園にたびたび行くものと思われていた。しかし76年の夏に桜美林が夏の甲子園大会に初出場で全国制覇を果たすなど、新勢力が台頭し、甲子園にはなかなか行けなかった。特に95年の夏は、西東京大会の初戦でコールド負けするなど、不振が続いた。日大三野球部再建のため、日大三の理事が関東第一に頭を下げて小倉を日大三の監督に招聘した。

日大三はかつて「春の三高」と呼ばれ、71年のセンバツ優勝など、春の甲子園大会では結果を残しているものの、夏の甲子園大会では70年代以降は結果を残せないでいた。学校がもともと赤坂にあったことから、都会的なスマートなチームという印象があった日大三は、小倉が監督に就任してから強打のチームに変わった。2001年の夏の甲子園大会では6試合の得点の合計が50という超強力打線で夏の甲子園大会で初の全国制覇を果たす。11年の夏の甲子園大会では、今度は6試合で61点を挙げ、「強打の三高」のイメージが広まった。

小倉監督は23年に日大三の監督を勇退。後任には同校OBで小倉監督を長年部長、助監督として支えた三木有造が就任した。また関東第一の米沢貴光監督は、小倉の教え子で、24年の夏の甲子園大会では、準優勝を果たした。

智弁和歌山の台頭

94年のセンバツは、2回目の出場となる智弁和歌山が、3回目の出場となる木内幸男監督率いる常総学院と決勝戦で戦った。同点で迎えた9回表に智弁和歌山が2点を挙げて、全国大会で初の優勝を飾った。

智弁和歌山は78年に学校を創立した。団塊ジュニアの就学期に備えての創立であった。創立当初から進学校であると同時にスポーツの強化も行った。早々に東大や京大に合格者を出し、週刊誌に掲載された高校別大学合格者ランキングで、有名大学の上位に登場し、進学校として存在が知られるようになっていた。野球部は79年に創部され、翌年に系列の智弁学園の監督として実績がある高嶋仁を監督に招いた。

和歌山もまた、埼玉などと同様に公立王国だった。戦前は和歌山中が圧倒的に強く、夏2回、春1回の全国制覇。さらに海草中（現向陽）は、39年夏の甲子園大会で嶋清一が5試合全てで完封。しかも準決勝、決勝と続けてノーヒットノーランという驚異の投球で優勝すると、翌年の夏も、戦中、戦後のプロ野球で活躍し、大阪の明星の監督として63年夏の甲子園大会で全国制覇を果たした真田重蔵投手を擁して、大会連覇を果たしている。和歌山中は校名が桐蔭となった戦後も和歌山の高校球界をリードする存在だったが、70年代からは箕島が台頭。その他、星林、新宮、県和歌山商、和歌山工といった県立勢に加え、65年のセンバツで後に阪神の遊撃手として活躍する藤田平を擁して準優勝した市和歌山商（現市和歌山）も含め、公立校が競い合っていた。

智弁和歌山は82年夏の和歌山大会で準決勝に進出し、存在が知られるようになった。そして84年の秋季県大会で初優勝し、近畿大会の初戦で神港学園を破りベスト4となり、翌年のセンバツ出場を決めた。

夏の甲子園大会の初出場は、87年だった。和歌山大会で準決勝、決勝と続けてサヨナラ勝ちしての夏の甲子園だった。91年夏は、和歌山大会の3回戦で箕島に初めて勝って甲子園大会に出場した。箕島を破ったことで、本当の意味で和歌山の高校球界に智弁和歌山時代が到来したことを印象付けた。もっとも、智弁和歌山の初期の甲子園大会での戦いは、それほど印象に残るものではなかった。

最初の甲子園大会となった85年のセンバツでは、1回戦で駒大岩見沢に1－3で敗退。最初の夏の甲子園大会となった87年の夏は、1回戦で宮城の東北に1－2で敗れている。2度目の夏となった89年の甲子園大会は、1回戦で千葉の成東に延長11回の熱戦になったが、1－2で敗れ、91年の夏の甲子園大会は、後にオリックスなどで活躍する川越英隆を擁する福島の学法石川に1回戦で2－3で敗れている。92年の夏は初戦（2回戦）で、準優勝した拓大紅陵に3－4で敗れた。勝てないということもさることながら、ロースコアの試合が多かった。

智弁学園時代の高嶋監督は、例えば後に近鉄で活躍する山口哲治などの好投手を擁して、徹底的に守る野球をしていた。練習は午後3時から夜中の1時になることもあり、全選手にノックを浴びせ続けた。そうした守備重視の野球で、76年のセンバツはベスト8、77年のセンバツはベスト4の結果を残している。

智弁学園の時は部員も多かったが、智弁和歌山では部員を1学年10人程度に絞り、鍛え上げた。そして今日の智弁和歌山につながる戦い方の方向性がみえてきたのは、93年の夏の甲子園大会であった。この年は4人の投手で和歌山大会を勝ち抜いた智弁和歌山は1回戦で有木鎮嗣、2年生の松野真人のリレーで東北に延長12回の接戦の末2－1で勝ち、甲子園大会初勝利を挙げ、2回戦は松野、有木に楠公智を加えた3人の投手リレーで熊本の城北を5－2で破った。3回戦は後に中日などで活躍する川上憲伸を擁する徳島商（県立）に1－2で敗れたものの、全国レベルで認知されるようになった。

この夏のチームで2年生ながら4番で一塁手だった中本拓が新チームで主将になり、1番で右翼手だった植中洋平、5番で捕手だった井口直也、8番で三塁手だった西中裕喜、9番で遊撃手だった岸辺直人も残り、松野や甲子園では投げていないものの、和歌山大会では4本柱の1人だった笠木伸二が投手陣を支え、94年のセンバツで優勝し、甲子園に智弁和歌山の時代が来たことを印象付けた。

第5章

新世紀を前に

～強豪私立の時代へ

1998年夏「アサヒグラフ」9/1増刊号

公立校が輝いた夏

95年のセンバツは、決勝戦で香川の観音寺中央（県立、現在は統合され観音寺総合）が千葉の銚子商（県立）を4－0で破り、初出場で優勝した。この大会では、愛媛の今治西（県立）も準決勝に進出しており、4強に県立校が3校も入った。

この大会の1回戦で和歌山の伊都（県立、現在は統合され伊都中央）に0－1で敗れた帝京が、メンバーを大幅に入れ替えて夏の甲子園大会に出場。決勝戦で石川県勢として初の決勝に進出した星稜を3－1で破り、2回目の優勝を果たした。

96年のセンバツは、決勝戦で智弁和歌山を6－3で破った鹿児島実が初優勝した。決勝戦で敗れたとはいえ、智弁和歌山は2年前の優勝に続く準優勝で、団塊ジュニアに向けて創立された学校が、全国の強豪校として定着した。

この年の夏の地方大会の参加校は4089校で、4098校だった前年から9校減少した。実際には97年から再度増加に転じるのだが、減少するのは戦後初めて。高校の生徒数も89年をピークに減少し始めており、団塊ジュニアの受け皿作りの時代から、少子化対策の時代へと局面が変わっていた。

96年夏の甲子園大会から記録員が1人ベンチ入りできるようになった。大会初日に登場した福岡の東筑（県立）の三井由佳子が女子マネージャーのベンチ入り第1号になった。この夏は、公立校の健闘が特に目立った。優勝候補にも挙がっていた浦和学院は初戦（2回戦）で高松商（県立）に敗れ、明徳義塾は2回戦で徳島の新野（県立、現在は統合され阿南光）に敗れ、3回戦では横浜が福井商（県立）に敗れ、PL学園が広島の高陽東（県立）に敗れた。さらに準々決勝では、センバツ優勝の鹿児島実が松山商（県立）に敗れている。強豪私立が相次いで敗れる中、準決勝は熊本工、前橋工、松山商、福井商といずれも県立校で、しかもその地域を代表する伝統校が顔をそろえた。4強が全て公立校になったのは、75年の第57回大会以来21年ぶりのことだった。

そして決勝戦は、松山商と熊本工の対戦になった。松山商は学校創立が1901年で、その翌年に野球部が創部した。青森の三沢（県立）との延長18回引き分け再試合に勝って優勝した1969年以来の決勝進出で、5回目の優勝を目指す戦いになった。対する熊本工は、学校創立は1898年で、1923年に野球部を創部した。37年夏の第23回大会では、熊本工時代は投手で、後に「打撃の神様」と呼ばれる強打者になり、巨人の監督として9連覇を成し遂げた川上哲治と、戦争により25歳で亡くなったが、巨人草創期の名捕手であった吉原正喜とのバッテリーで準優勝するなど九州を代表する名門校だ。しかし準優勝は2回あるものの、優勝はないだけに、悲願の初優勝を目指していた。

試合は松山商が3－2とリードした9回裏、好投する松山商の背番号10の2年生・新田浩貴は2人続けて三振に仕留め、優勝まであと1人になった。しかし1年生ながら熊本工の6番打者である澤村幸明はレフトスタンドに入る同点本塁打を放ち、試合は延長戦に突入した。10回裏熊本工は、この回先頭の8番・星子崇が二塁打で出塁すると、松山商は新田を右翼の守備に回し、背番号1の渡部真一郎を登板させる。星子が犠打で三塁に進んだところで松山商は満塁策をとる。そして右翼手になっていた新田に代えて、背番号9ながら控えになっていた矢野勝嗣を右翼の守備につける。一死満塁から熊本工の3番・本多大介は右翼に大きな当たり。ほとんどの人が熊本工のサヨナラ勝ちと思ったが、甲子園球場特有の浜風で打球は少し戻され、矢野が捕球。タッチアップする星子に対して、右翼手・矢野は本塁にストライクの返球。間一髪でアウトになった。「奇跡のバックホーム」として語り継がれる好送球で勢いに乗った松山商は、11回表に3点を入れて試合を決めた。三沢を破って以来の27年ぶり5回目の優勝である。

69年夏の決勝戦で延長18回を投げ抜いた松山商のエースだった井上明は当時、朝日新聞の運動部の次長だった。熊本工との決勝戦の翌日の紙面で「奇跡のバックホーム」について「松山商の矢野右翼手のダイレクト返球に、身震いさえした。おそらく数十回やって一回成功するかどうかだろう」と書き、最後はこう締めくくった。

「各自が役割を果たし、チーム一丸になった『和』を感じさせた。伝統を受け継いだ後輩たちに、心からおめでとう、といいたい」

また当時76歳だった川上哲治は、同じ紙面にこうコメントを寄せている。

「よくやってくれた。ここまでやれば何も言うことないですよ。延長十回裏のバックホームが勝負の分かれ目だった。でも、それは結果です。試合を通じて成長していったし、監督、選手が結束していった。この感動を、これからの人生に生かしてほしいと思います」

これ以後、2007年の佐賀北（県立）のように旋風を起こす公立校があっても、4強を公立校が独占するとか、公立校同士の決勝になるといったことは、2024年が終わった時点でまだない。私立の強豪校の優勢がはっきりする中、公立校が特別な光を放った夏だった。2001年の夏、松山商は準決勝まで進出した。しかしそれ以後松山商は、25年の春までの時点で、甲子園にその雄姿をみせていない。

分校初の甲子園

高校野球の特徴の一つに、試合中監督はグラウンドに入ってはならず、指示は控えの選手が伝令として伝えることがある。回数は攻守で各3回までとなっているが、このルールができたのが、97年である。また従来はワン・ツーと言えば1ストライク2ボールであったが、この年から1ボール2ストライクとなることも決まっている。ストライク・ボールの順でカウントするのは日本式であり、アメリカをはじめとする国際標準に合わせた。高校野球も徐々に国際化に向けて動き出した。

この年のセンバツで話題となったのは、和歌山県立日高高校中津分校(日高中津)の出場である。分校が甲子園大会に出場するのは、初めてのことだった。学校は和歌山県の山に囲まれた、当時は人口約2600人の中津村(現在町村合併で日高川町)にある。49年に日高高校定時制船着分校として開校し、56年から全日制となり、中津分校となった。84年に当時の村長が「野球で村おこしを」ということで、野球部が創部され、同校に赴任した垣内邦夫が監督に就任した。村の支援でグラウンドが整備され、当初は廃屋となった民家をトレーニングルームにして、ベンチプレスなどが置かれ、体力づくりをした。

スタート時の部員は5人だったが、88年には主力選手の垣内哲也がドラフト3位で西武に入団するなど力を付け、92年夏の和歌山大会では決勝戦に進出した。決勝戦では智弁和歌山に敗れたものの94年夏にも決勝戦に進出した。この時は市和歌山商相手に、7回表までに4－1とリードしながら、その裏に4点を入れられ甲子園出場はならなかった。けれども96年の秋季県大会では、その年のセンバツ経験者が多く残る智弁和歌山に16－6で圧勝し、県1位で近畿大会に出場した。近畿大会では1回戦で北嵯峨(府立)を2－1で破り、準々決勝では兵庫の育英に1－5で敗れたものの、センバツ出場が決まった。

センバツでは、その年のセンバツで準優勝する中京大中京と対戦。日高中津のエース・北山信賢が5回まで無安打に抑える好投で、6回表が終わった段階で3－0とリードした。しかし6回裏に中京大中京が5点を入れ、3－6で敗れた。けれども1学年1クラスしかない小さな山の分校の健闘は、過疎に悩む地域の高校にも大きな希望となった。

さらに生徒の減少に悩む在日韓国人の民族学校であった京都韓国学園にとっても、日高中津の事例は、大きなヒントになった。京都韓国学園は野球部を創部して99年に日本高校野球連盟への加盟が認められた。甲子園につながる硬式野球に民族学校が加盟するのは初めてである。京都韓国学園は2003年学校教育法の一条校となることが認められ、翌年、京都国際になる。

私立伝統校の苦悩

97年夏の和歌山大会で、日高中津は3回戦で箕島を8－4で破り決勝戦に進出。決勝戦では智弁和歌山と大接戦になったが、2－3で敗れた。

智弁和歌山は、当時は主将で現在は監督となっている中谷仁や、中谷とともにクリーンアップを構成した喜多隆志、清水昭秀など前年のセンバツの準優勝メンバーが多く残った。しかしこのセンバツで2年生ながら好投し注目されたエースの高塚信幸は、肩を痛めて投げられなくなった。この大会で高塚は2回戦から決勝戦まで4日連続で登板。準々決勝の国士舘戦は延長13回の熱戦になったこともあって、4日間で投じた投球数は591球。今日では1週間の投球数が500球に制限されているので、軽く投球数制限を上回っている。

97年夏の和歌山大会でも、高塚は1球も投げていない。けれども甲子園では初戦（2回戦）の新潟・日本文理戦で高塚が先発した。高塚は立ち上がり5点を失い2回途中で降板した。それでも「高塚が投げるのを見てうれしくなった」と語る喜多をはじめとして打線が奮起。2回裏に6点を取って逆転すると、19－6で打ち勝った。3回戦、準々決勝と猛打で勝ち上がった智弁和歌山だが、準決勝の浦添商（県立）戦は、一転して投手戦になった。児玉生弥、清水の2人で10回を無失点に抑え、10回裏に中谷の中犠飛でサヨナラ勝ちをし、延長に及ぶ接戦を制して、決勝に進出した。

相手は京都の伝統校の平安。平安はエースで主将の川口知哉が、2回戦で現在は阪神の監督で当時は2年生の藤川球児を擁する高知商（市立）を被安打2、奪三振11で完封し、準々決勝では徳島商（県立）に対し延長10回を被安打6、奪三振11、失点1に抑え、2年連続で準決勝に進出した前橋工に対しても被安打3、奪三振11で完封するなど、1回戦から準決勝まで1人で投げてきた。

決勝戦では疲れのみえる川口を攻め、智弁和歌山が6－3で勝ち、夏の甲子園大会で初優勝を果たした。敗れた平安の川口は1回戦から決勝戦までの6試合を1人で投げ抜き、6試合の投球数は820球であった。それでも平安の決勝進出は41年ぶり。長い低迷から、ようやく光が見えた準優勝だった。

京都の高校野球といえば、平安だった。70年夏の第52回大会の段階で、夏の甲子園大会の出場回数が24回だった。その後不祥事などもあり低迷したが、74年の甲子園では春4強、夏8強の成績を残し、復活の兆しをみせた。けれども、次に夏の甲子園大会に出場するのは90年のこと。それからまた低迷の時期が続いた。

伝統校にはOBや熱烈なファンも多い。こうした人たちは、野球部を支える重要な支援者であるが、結果が出ない時の圧力も強い。そして監督も頻繁に変わり、指導の方向性も定まらなかった。そうした中、93年にOBで社会人野球の日本新薬でプレーした当時33歳の原田英彦が監督に就任した。原田監督は問題点を洗い出し、腰を据えて再生に取り掛かった。95年の夏、1年生の川口をエースにして臨んだ京都大会の初戦で、南京都（現京都廣学館）相手に川口が3ランを浴び、2－5で敗れた。初戦敗退にファンから罵声を浴びせられた。その川口が2年後、エース兼主将となり、甲子園で準優勝して名門復活につなげた。

97年夏の甲子園大会には、大阪代表として履正社が初出場を果たしている。履正社は1922年に福島商として開校し、83年に履正社という校名になった。かつては5回戦止まりのチームだったが、87年に東洋大姫路出身の岡田龍生が監督に就任し徐々に力を付けた。97年夏の大阪大会は、準決勝で大阪桐蔭を、決勝戦で関大一をいずれも2－1で破っての甲子園であった。甲子園では初戦（2回戦）で専大北上に1－2で敗れたが、大阪の新たな強豪校の出現であった。

ところで大阪の高校野球で古豪といえば、まず名前が挙がるのが浪商だ。甲子園には春19回、夏13回出場し、春夏それぞれ2回ずつ優勝している。46年夏に西宮球場で開催された戦後復活の大会で優勝したのも、浪商の前身である浪華商であった。個人的な話をすれば、筆者は61年生まれで、浪商の牛島和彦、香川伸行のバッテリーと同年代だ。そして61年の夏、浪商は怪腕・尾崎行雄を擁して優勝している。ただその間は、夏の甲子園大会に出場していないので、実体験として浪商の強さを知らない。それでも筆者よりも年上の大阪の野球関係者に話を聞くと、その存在は特別であることを感じる。

80年代ごろ、浪商の校名がなくなるという話が広まり、騒ぎになったことがある。浪商は大阪市東淀川区に校舎があったが、63年に茨木市に移転している。また学校法人浪商学園は65年に大阪体育大（大体大）を創立した。そして83年には進学志向の浪商高校高槻学舎を開設。同校は85年に独立校となり、大阪青凌と改称している。

団塊ジュニアの学齢期は、学校の新設を促した一方で、既存の学校にも変化をもたらした。

なぜなら、団塊ジュニアの時代が終われば生徒数の減少が進み、サバイバル競争が避けられないからだ。競争を生き抜くために、偏差値のアップに力を注ぐ。新しい学校は、開校当初から進学とスポーツの2本立てで体制を作っているが、既存の学校は大幅な改革が必要だった。

浪商は87年に茨木市から関西国際空港や和歌山県との府県境に近い熊取町に移転した。その過程で浪商の名前が消えるという話が広まったわけだが、89年から大体大浪商という校名になった。移転して、バンカラで質実剛健な雰囲気からソフトになったと言われている。大体大浪商という校名では2002年のセンバツに出場している。

60年代や70年代、大阪の高校球界では「打倒浪商」が目標になっていた。そうした中で競い合ってきたのが浪商も含め「私学7強」と言われたPL学園、興国、明星、大鉄、北陽、近大付である。興国は68年夏の第50回大会で全国制覇を果たし、明星は63年夏の第45回大会で優勝し、大鉄は71年春の第43回のセンバツで準優勝し、前阪神監督の岡田彰布の母校である北陽は70年春の第42回のセンバツで準優勝し、近大付は90年春の第62回のセンバツで優勝している。そうした強豪も2000年以降、夏の甲子園大会に出場したのはPL学園と近大付だけ。北陽は2008年から関大北陽になり、大鉄は86年から阪南大高になり、強かった昔日の成績はみられなくなっている。そうした中、興国は2018年から97年の智弁和歌山の優勝メンバーである喜多隆志が監督に就任。21年夏の大阪大会では46年ぶりに決勝に進出したほか、23年秋には近畿大会に出場。24年の春季府大会で準優勝するなど、復活の兆しをみせている。

なお平安も2008年に龍谷大平安に改称している。平安は、夏は3回優勝しているものの春の優勝はなかった。それが2014年のセンバツで初優勝した。校名が変わっても原田監督が一貫して指導してきた成果なのだろう。龍谷大平安の名前でも、強豪としての結果を残した。

PL学園・中村監督の勇退

2024年秋、ソフトバンクの和田毅が現役を引退した。入団する選手がいれば、退団する選手がいるプロの世界、毎年繰り返される光景ではあるが、いわゆる「松坂世代」最後の現役プロ野球選手ということで、特別な感慨があった。

和田は島根の浜田（県立）の出身。2年生の夏の甲子園大会では、1回戦で後にヤクルトで活躍する石川雅規投手を擁する秋田商（市立）と対戦。和田が8回まで秋田商打線を4安打1点に抑えていたが、9回裏に同点に追いつかれ、満塁策を取って8番打者の石川との勝負に出たが、四球による押し出しで敗れた。

松坂世代が激闘を繰り広げた3年生の夏、和田を擁する浜田は、公立校で唯一準々決勝に進出した。浜田は初戦（2回戦）でその年のドラフト会議で巨人に3位指名される加藤健捕手を擁する新潟の新発田農（県立）と対戦し5－2で勝つと、3回戦は帝京と対戦。日本ハムなどで活躍する森本稀哲《ひちょり》に本塁打を打たれたものの、3－2で競り勝った。準々決勝では、その年のドラフトで横浜から1位指名される古木克明を擁する豊田大谷に延長10回3－4で惜敗したものの、私立の強豪が目立った大会で、公立校の意地をみせた戦いだった。

和田が引退した24年の秋、藤川球児が阪神の監督に就任することが発表された。藤川は3年生だった98年は春夏ともに甲子園に行けなかったが、2年生の夏、藤川順一捕手との兄弟バッテリーで強い印象を残した。藤川は、阪神監督就任時で44歳という若い指揮官である。松坂世代でプロ野球の監督になるのは、19年に楽天の監督に就任したPL学園出身の平石洋介に次いで2人目だ。これから和田や松坂自身も含め、松坂世代の指揮官が出てくるだろう。

松坂大輔の活躍が注目された98年春、1人の名将が勇退した。PL学園の中村順司だ。当時51歳。50歳を区切りとして、勇退の時期を考えていた中での勇退表明である。監督に就任した時は34歳。桑田真澄、清原和博のKKコンビが活躍した時は30代後半だった。今思えば、若くして老練な指揮官だった。50代というのは、監督としてはこれからだという感じもするが、甲子園での通算勝利数は58。春と夏で3回ずつ優勝している。最後の試合となったのは、準決勝の横浜戦。松坂大輔擁する横浜に9回スクイズを決められ逆転負けするが、試合後、

「選手に応援団に甲子園に感謝しています」という言葉を残して勇退した。

松坂大輔の甲子園

98年は横浜・松坂大輔の年だった。高校野球で「怪物」と呼ばれた投手は、松坂と作新学院の江川卓だ。松坂と江川の一番の違いは、江川は孤軍奮闘であったのに対し、松坂の横浜の同期には、後に中日に入団する小山良男、横浜、中日でプレーした小池正晃、西武、横浜DeNAでプレーした後藤武敏ら、プロにも入った逸材が多かったことだ。

江川の名が全国に広がったのは2年生の夏だ。栃木大会で2回戦はノーヒットノーラン、3回戦は完全試合、準々決勝はノーヒットノーラン、そして準決勝の小山（県立）戦は、延長10回の二死までノーヒットノーランだったが、二死後にテキサス安打を打たれ、11回に失点して敗れた。73年のセンバツで全国の舞台に初めて登場した江川は、開幕戦で優勝候補の北陽と対戦し、奪三振19で完封した。しかしセンバツでは準決勝で広島商（県立）に2－1で敗れ、夏の甲子園大会では2回戦で銚子商（県立）に延長12回0－1で敗れた。まさに孤高のエースであった。

松坂は中学生時代、江戸川南シニアのエースで知られ、シニアの日本代表にも選ばれた。後藤も小山も小池も所属チームは違ったが、日本代表に選ばれ、一緒にやろうと誘い合って横浜に入学した。

松坂は、球は速いがノーコンだった。そんな松坂が変わるきっかけになったのは、2年生の夏の神奈川大会の準決勝の横浜商（市立）戦だった。その年のセンバツに出場している横浜商相手に横浜は、2－1とリードして9回裏を迎えたが、松坂は同点に追いつかれ、さらにスクイズを警戒して外した球が大暴投になり敗れた。そこから制球力を付ける練習に本腰を入れ、怪物・松坂が誕生する。

ちなみに、横浜に勝って決勝戦に進出した横浜商だが、決勝戦は桐蔭学園に敗れ、春夏連続の甲子園を逃した。そこから現在（25年の春）まで、横浜商は甲子園に行っていない。

松坂が出場した98年のセンバツは、第70回の記念大会ということで36校が出場した。初戦（2回戦）は前年のセンバツで4強の報徳学園と対戦し、9回に2点を失ったものの、6－2で快勝した。この時の報徳学園の捕手で主将の大角健二は、報徳学園の現在の監督である。

3回戦の相手は東福岡。サッカー、ラグビーの強豪として知られる東福岡は、センバツはこの大会が初出場だった。この時の東福岡のエースは、プロ野球の横浜や巨人で内野手として活躍した村田修一で、1番打者は日本ハムなどでプレーする田中賢介だった。松坂は東福岡を被安打2、奪三振13で完封し、威力を発揮し始める。

準々決勝では奈良の郡山（県立）を被安打5の無失点に抑え、4－0で勝った。松坂は甲子園で11試合に臨んだが、公立校と対戦したのは郡山だけだった。郡山は前年秋の近畿大会の優勝校で、ベテランの森本達幸監督が、「35年間手がけてきた中でも屈指の好チーム」と絶賛するほどのチームであったが、問題にしなかった。

準決勝ではPL学園に逆転勝ちし、決勝ではセンバツ出場は68年ぶりという関大一を被安打4で完封し、まずはセンバツを制した。センバツ5試合を1人で投げ球数は618球だった。完封は3で奪三振は43。江川卓の奪三振60には及ばなかった。

夏は第80回の記念大会ということで、埼玉、千葉、神奈川、愛知、大阪、兵庫の6府県から2校ずつ出場し、計55校という史上最多の出場校になった。そのため大阪からはセンバツ準優勝の関大一とベスト4のPL学園の2校が出場した。関大一は、夏は初出場だった。

横浜は、1回戦は大分の柳ヶ浦と対戦。松坂は四死球6と制球をやや乱したものの被安打3、自責点0で6－1で勝利した。2回戦は初戦の八戸工大戦でノーヒットノーランを達成した杉内俊哉を擁する鹿児島実と対戦した。試合は5回まで両チーム無得点の投手戦。6回裏に横浜は、一死二塁から二塁走者の小池が三盗に成功。3番・後藤の中犠飛で1点を先制すると、8回裏には松坂の本塁打などで5点を入れて試合を決めた。松坂はこの試合で最速151キロを計測している。

3回戦からは決勝戦まで勝ち進めば4日連続で試合を行う強行日程になる。3回戦は星稜と対戦した。星稜には小松辰雄という中日の抑えで活躍する速球で知られる好投手がいた。3年生の時の77年の夏は、1回戦で智弁学園と対戦。智弁学園のエース・山口哲治との息詰まる投手戦になったが、1－2で敗れた。それでも2年生の時の76年の夏は準決勝に進出。特に準々決勝で沖縄の豊見城（県立）の赤嶺賢勇相手に1－0で勝った投手戦は圧巻だった。

松坂は星稜を相手に奪三振13、5－0で完勝した。ただ星稜の山下智茂監督は、小松と松坂を比較して、「問題なく小松の方が速い」と語った。けれども変化球を含めた投球術で松坂は卓越した才能をみせていた。

3回戦が終わったのは、8月19日の午後1時25分。20日の午前8時30分から12時7分までの間、球史に残る準々決勝、PL学園との延長17回の死闘が行われた。PL学園は、春とは異なり監督は、中村順司から河野有道に代わっていた。序盤PL学園は横浜の捕手・小山の構えから松坂の球種を読み、三塁コーチャーが掛け声を変えて伝えた。今日では反則行為だが、当時としては高等戦術だった。そのため松坂は2回裏に3点を失う。途中から球種を読まれていることに気づき修正して立ち直ったが、疲労もあり失点を重ねる。それでも横浜の強力打線は追いつき、5－5のスコアで延長戦に突入する。横浜が11回表に1点を入れてリードするとその裏PL学園が追いつき、16回表も同様に横浜がリードしてもその裏追いつくという展開で延長17回に入った。17回表二死から遊撃手の失策で柴武志が出塁し、常盤良太の2ランでようやく勝ち越した。その裏を抑えてようやく勝利をものにしたが、松坂は、喜ぶ気力すらなくしていた。この試合で250球。前日の星稜戦と合わせて398球を投げていた。延長戦の規定は、この試合をきっかけに変更議論が高まり、2000年から18回で引き分け再試合だった規定が、15回に短縮された。

準決勝は翌日の午前11時に開始。松坂はさすがに先発のマウンドに立つことができず左翼手として出場したが、8回表までに明徳義塾が6－0とリード。その裏の攻撃が始まる前に横浜の渡辺元智監督が「お前ら勝つ気あるのか」と気合を入れると打線が奮起。松坂の適時打などで4点を返す。9回表、松坂が腕に巻いていたテーピングをはがしてマウンドに立つと、球場の雰囲気が一変した。9回表松坂は走者を出すものの併殺で切り抜けると、その裏3点を入れて、奇跡の逆転勝ちを収めた。

決勝戦は86年に開校した京都成章と対戦。松坂のノーヒットノーランの快投により3－0で横浜が勝ち、春夏制覇を達成した。決勝戦のノーヒットノーランは39年の海草中（現向陽）の嶋清一以来59年ぶり。大谷翔平がベーブ・ルースの名前をよみがえらせたように、偉大な選手は、過去の偉大な選手をよみがえらせる。決勝戦のノーヒットノーランで怪物・松坂神話は完結した。それにしても、準々決勝から決勝戦まで、これほど劇的な展開は記憶にない。松坂の夏の投球数は782。防御率は1・17だった。

群馬県勢初の全国制覇

これまで出場校の校歌は、勝ったチームのものしか流れなかったが、99年から、各校の初戦で2回の攻撃が始まる前にも流れるようになり、出場全校の校歌が流れるようになった。また審判のプロテクターは、肩にかけるスタイルだったが、この年から服の下に装着するようになった。さらにセンバツの審判の服装は、従来はジャケットにネクタイ姿だったが、この年から青いシャツに変わっている。

99年のセンバツでは、1回戦で横浜とPL学園が対戦した。東西の私立の両雄が3季連続で対戦したが、この時は、6－5でPL学園が勝った。そのPL学園を準決勝で破った沖縄尚学が、沖縄県勢として初めて優勝した。沖縄尚学の前身は沖縄高校。沖縄県勢が甲子園大会に初めて出場したのは、58年夏の第40回大会の首里（公立）だ。沖縄はまだ本土復帰前だったが、この年は記念大会で全ての都道府県から出場できた。当時沖縄から夏の甲子園大会に出るには宮崎との南九州大会を勝ち抜かなければならなかったが、初めて宮崎県勢を破り甲子園大会に出場したのは、62年の第44回大会の沖縄だった。その時のエースは、後に広島に入団する安仁屋宗八だった。

99年のセンバツで優勝した沖縄尚学の監督である金城孝夫は、豊見城出身で栽の指導を受けた。高校卒業後は栽と同様に中京大に進学し、愛知の弥富（現愛知黎明）の監督を経て、98

年から沖縄尚学の監督に就任していた。99年のセンバツでは、準決勝でPL学園と延長12回8－6で勝ったものの、エースの比嘉公也は212球を投げた。翌日の決勝戦ではエースの比嘉を登板させず、水戸商（県立）を7－2で破った。エースの比嘉は、2006年から母校の監督になり、08年のセンバツで今度は監督として優勝している。

99年の夏は、その年のドラフト会議で日本ハムに1位指名される正田樹投手を擁する群馬の桐生第一が決勝戦で岡山理大付に14－1で大勝して優勝した。群馬県勢が甲子園大会で優勝するのは、春夏を通じて初めてであった。

群馬の高校野球を語る時、外すことができないのが稲川東一郎だ。1905年生まれの稲川は、桐生（県立）中学を卒業した後、生業にはつかず、母校の指導に精を出した。県議であり製造業を営む父親は何度も勘当したが、野球の指導を止めなかった。33年に正式に監督に就任すると、正式に監督に就任する前の実績も含め、桐生中、桐生高校で春と夏の甲子園大会に24回出場。36年と55年のセンバツで準優勝した。自宅を改造した合宿所や練習場は、「稲川道場」と呼ばれた。67年の春季県大会の試合中、ベンチの中で脳出血により倒れ、2日後に亡くなっている。しかし稲川の指導は、群馬県内だけでなく、北関東を中心に多くの指導者に影響を与えた。

99年の夏優勝した桐生第一の福田治男監督は、61年に桐生市に生まれたが、高校は埼玉の上尾（県立）で、名将・野本喜一郎監督の指導を受けた。79年夏の甲子園大会に主将として出場。1回戦で優勝候補である牛島、香川のバッテリーを擁する浪商と対戦した。8回まで2－0でリードしたが、9回表に牛島に同点2ランを打たれ、11回表に勝ち越されて敗れたが、野本監督の指導力を示した一戦であった。野本監督は、上尾の監督に就任するにあたり、稲川から教えを受けたという。いわば、稲川の存在が回り回って群馬に優勝をもたらしたことになる。

青森の新勢力

99年夏の甲子園大会で特筆すべき出来事は、青森山田が太田幸司投手を擁して準優勝した三沢以来青森県勢としては30年ぶりに準々決勝に進出したことだ。

青森山田の前身は、裁縫塾の山田高等家政女学校だが、51年に共学化し、54年に野球部を創部した。日大山形の三塁手として甲子園を経験している五十嵐康朗が監督に就任して力を付け、93年の夏の青森大会決勝で、青森の私立の伝統校である東奥義塾を破って甲子園大会初出場を果たした。95年の夏は尼崎北（県立）を破り甲子園初勝利を果たしている。

97年からは仙台育英の二塁手として甲子園大会に2度出場し、仙台育英の監督として6回、東陵の監督としても甲子園出場経験がある氏家規夫（旧姓金沢）が監督に就任して、さらにチーム力を高め、99年夏の甲子園大会では、準々決勝に進出した。２００３年からは日大山形の監督として春3回、夏11回甲子園大会に出場している渋谷良弥が監督に就任して、黄金期を迎えることになる。

青森山田が2回目の出場をした95年も、３回目の出場をした99年も青森大会の決勝戦の相手は、光星学院（現八戸学院光星）だった。

２０００年のセンバツは、東海大相模が決勝戦で智弁和歌山を破り、センバツでは初優勝を果たした。夏は、センバツの決勝で敗れた智弁和歌山が、記録的な猛打を発揮して3年ぶりの優勝をした。この大会で智弁和歌山は、チーム最高打率・４１３、チーム最多本塁打11本、チーム最多安打１００本、チーム最多塁打１５７と打撃の記録をことごとく塗り替えた。

この大会の準決勝で智弁和歌山と対戦し、敗れはしたものの５－７と善戦したのが青森山田のライバル・光星学院だった。光星学院は青森山田の準々決勝をも上回る準決勝に進出し、それまでは強いというイメージはなかった青森の野球に対する認識を一変させた。

56年に開校した光星学院の野球部では、東北福祉大が重要な役割を果たした。82年、伊藤義博監督率いる大阪の桜宮（当時は市立）がセンバツ初出場を果たした。その2年後、伊藤は請われて東北福祉大の監督に就任する。すると東北福祉大は全日本大学野球選手権で87年から90年まで4年間で3度の準優勝、91年には元阪神監督の金本知憲らを擁し、初優勝を果たす。伊藤が監督に就任した東北福祉大に、後に光星学院の監督となる金沢成奉もいた。66年大阪出身の金沢だが、大学1年生の時に肩を脱臼して野球ができなくなった。それでも伊藤監督から「右腕になってほしい」と言われ、3年生から学生コーチになっていた。大学を卒業後一時サラリーマンになっていた時期もあったが、大学に戻りコーチをしていた。95年に大学の先輩で、光星学院の監督をしていた津谷晃に推薦され、後任の監督に就任した。津谷監督の時代に青森大会の決勝に進出するほど力を付けていたが、金沢が監督に就任し、97年に春と夏の甲子園大会に初出場を果たした。2010年からは、伊藤と同じく桜宮から東北福祉大に進んだ仲井宗基が監督に就任。11年の夏、12年の春、12年の夏と3季連続で甲子園大会において準優勝した。

95年に夏の甲子園大会初出場を果たした岩手の盛岡大付の澤田真一監督は、控えながら東北福祉大が準優勝した時のメンバー。青森山田の部長を経て、91年から盛岡大付の監督に就任している。青森山田も光星学院も盛岡大付も県外出身者が多く、東北のチームらしくないとも言われる。けれども、他の地域の出身者が東北の野球に刺激を与え、レベルを引き上げていった面もある。東北の各チームは互いに関係しあいながら、他の地域の人材も引き入れ東北の野球を変えていった。

第6章

21世紀の甲子園

～大阪桐蔭時代の一方で

2006年夏「甲子園Heroes」（週刊朝日増刊）

21世紀枠導入

2001年、高校野球も新しい世紀を迎えた。新世紀の高校野球の大きな変化は、センバツ大会で通常の選考に加えて、21世紀枠が導入されたことだ。第73回のセンバツの公式ガイドブックである「サンデー毎日　臨時増刊」には、21世紀枠について次のように書かれている。

「従来どおり一般選考で決まる出場校に比べて野球の実力はわずかに劣っていても、さまざまな困難を克服し、地道な努力を続けている。そんなチームを甲子園に招くことを目的に、設けられた出場枠だ」

実力本位でない出場校が加わることに、当時はかなり議論があった。しかし、私立の強豪校が台頭してくる中で、実力や環境格差が広がり、甲子園を本気で狙えるチームが少なくなってきた状況もあった。77年のセンバツで、部員12人で出場し準優勝した高知の中村（県立）、87年のセンバツで、部員10人で出場を果たした和歌山の大成（県立、現海南高校大成校舎）、97年に分校で初めて出場を果たした日高中津（県立）、大阪府立の進学校で84年に出場した三国丘、87年に出場した市岡などといった学校が、徐々に出場するのが難しくなっていた。21世紀枠は公立校枠ではない。けれども、25年の春現在、21世紀枠で出場したのは、13年の土佐を除けば、全て公立校である（P138、表参照）。21世紀枠は選考によって決まるというセンバツらしい制度だ。21世紀になってから四半世紀になり、「21世紀」という言葉の語感も、設定当時とは違ってきているので、「21世紀枠」という名称はそろそろ考えた方がいい時期に来ていると思うが、そうした趣旨の枠は、続けるべきだと思う。

21世紀枠が導入される最初の大会となる第73回のセンバツ大会では福島の安積と沖縄の宜野座がこの枠で出場した。安積は初戦（2回戦）で金沢と対戦し、善戦したものの1－5で敗れた。一方宜野座は初戦（2回戦）で岐阜第一を7－2で破ると、3回戦は優勝候補にも挙げられていた神奈川の桐光学園を4－3で破った。さらに準々決勝では浪速を延長11回の熱戦の末4－2で破り宜野座旋風を起こした。準決勝では仙台育英の芳賀崇に14三振を喫し1－7で敗れた。それでも、準決勝まで進出した旋風は、21世紀枠が定着するのに貢献した。

なお宜野座を破り決勝に進出した仙台育英は、常総学院に6－7で敗れた。常総学院は初優勝。木内監督が就任し、87年の夏の甲子園大会でいきなり準優勝した常総学園は、ついに優勝した。木内監督が69歳の時である。

この大会が終わって間もない4月28日、池田の蔦文也監督が亡くなった。77歳である。蔦文也監督が率いた「やまびこ打線」は高校野球を変え、その影響は21世紀になっても続いた。

21世紀枠最初の夏の甲子園大会となった第83回大会は、日大三が猛打を発揮し、夏の大会で初の優勝を飾った。この大会での日大三のチーム打率は・427。前年に智弁和歌山が記録し、当分は破られないだろうと思われていたチーム打率・413をあっさり更新した。

日大三の小倉全由監督は、関東第一の監督であった1987年の春に池田の蔦監督と対戦している。「いつか打ってくるという圧力を感じた。ああいう蔦野球を目指してきた」(「週刊朝日・増刊　2001甲子園Heroes」)と小倉監督は言う。小倉監督のライバルとなった帝京の前田監督も含め、蔦野球は高校野球に大きな影響を与え続けた。

東北と仙台育英

日本と韓国が共催したサッカー・ワールドカップが開催された02年、センバツでは報徳学園が決勝戦で鳴門工(当時は市立、現在は統合され鳴門渦潮)を8−2で破り、センバツでは28年ぶり2度目の優勝を果たした。

夏の甲子園大会ではセンバツで優勝した報徳学園は1回戦で浦和学院に3−7で敗れた。3回戦では、智弁和歌山と智弁学園の兄弟校対決が行われ7−3で弟分の智弁和歌山が勝った。決勝戦は、智弁和歌山と明徳義塾の対戦になり、7−2で明徳義塾が勝ち優勝した。星稜の松井秀喜に対し5打席連続敬遠をして罵声を浴びせられてから10年。明徳義塾が初めて頂点に立った。「優勝の瞬間、10年前のことを思い出してました。いまは明徳の優勝にお客さんが拍手してくれている。そう思うと涙が出ました」(「週刊朝日・増刊　2002甲子園

Heroes」）と馬淵史郎監督は語った。

01年の秋から金属バットの新基準が導入され、それまで規制がなかったバットの重さが900グラム以上になり、太さも直径が70ミリ未満から67ミリ未満と、細く、重くなった。しかし大会の総本塁打数は、01年夏の甲子園大会では29本だったが、02年の大会では43本とむしろ増加した。特にブラジルからの留学生である日章学園の瀬間仲ノルベルトが静岡の興誠戦でライトスタンド中段に飛び込む特大の本塁打を放ち、高校野球ファンを驚かせた。

03年のセンバツは、ベトナム国籍の左腕グエン・トラン・フォク・アンがエースで主将を務める東洋大姫路が注目されたが、準々決勝で初出場の埼玉・花咲徳栄と対戦。延長15回が終わって2－2で決着がつかず、延長15回で打ち切りの制度になってから春夏の甲子園大会を通じて初めての引き分け再試合になった。しかも再試合でも延長戦になり、10回裏、花咲徳栄のエース・福本真史の暴投により東洋大姫路がサヨナラ勝ちした。

勝った東洋大姫路であるが、エースのアンへの負担が大きく準決勝で広陵に1－5で敗れた。アンは3回戦から4連投になり、4日間で530球を投げ、力尽きた。決勝戦では横浜がともにプロでも活躍する3年生の成瀬善久、2年生の涌井秀章を登板させたが、広陵が15－3で圧勝し、12年ぶり3回目の優勝を決めた。

この大会、2年生だった東北のダルビッシュ有が注目されていた。しかし開会式の後、握手を求めるファンに腕を引っ張られ、右わき腹を痛めた。そのため本来の投球ができず、初戦（2回戦）は勝ったものの、3回戦の花咲徳栄戦は、6回を投げて被安打12、失点9、自責点6という不本意な成績で敗れた。

03年の夏の甲子園大会からベンチ入りの選手が2人増えて18人になった。また従来1日で行っていた準々決勝は、2試合ずつ、2日に分けて行うことになった。それにより3回戦から決勝戦まで4日連続で試合ということは避けられることになった。しかしこの年は雨天で日程が3日延びたため、従来通り、準々決勝は1日で行われた。

この大会は、ダルビッシュを含め好投手が多かったこともあり、総本塁打数が13と、前後の大会と比べても極端に少なかった。ダルビッシュを擁する東北と京都の古豪・平安が3回戦で対戦。ダルビッシュと平安の服部大輔の2年生同士の投げ合いは、三振の奪い合いになった。9回が終わった時点で服部の奪三振は16、ダルビッシュは14で両投手合わせて30。延長11回1－0で東北が勝ったが、最終的に服部が17、ダルビッシュが15、被安打は服部が7、ダルビッシュは2という白熱の投手戦だった。ダルビッシュは準々決勝の後、疲労性の骨膜炎が発覚したが、2年生の控え投手、横手投げの真壁賢守の好投などもあり、決勝戦に進出した。

決勝戦はダルビッシュが負傷を押して登板したが、4－2で常総学院が勝ち、夏の甲子園大会では初の優勝を決めた。常総学院は01年にセンバツで優勝したのに続き、03年は夏の甲子園大会の優勝を決め、名実ともに、高校球界を代表する強豪になった。一方、01年のセンバツの決勝で敗れたのは仙台育英、03年夏の甲子園大会の決勝で敗れたのは東北で、ともに宮城のチームだった。

東北も仙台育英も宮城を代表する強豪で、その歴史も長い。東北は1894年、東京数学院宮城分院として開校した。野球部の創部は1907年と古い。国学院大学の初代監督だった松尾勝栄を招聘した30年夏に甲子園大会に初出場している。戦争を挟んで54年に再度松尾を招き、松尾は監督や部長として57年のセンバツに出場したのに続き、58年から61年まで4年連続で夏の甲子園大会に出場した。

一方仙台育英は、1905年に育英塾として開校し、30年に野球部が創部した。その年に仙台育英に入学し、草創期の野球部で活動した菅田誠が、58年に監督に就任してから強化が始まる。菅田は東北の松尾の大学の後輩であり、ライバル意識は強かった。仙台育英は63年の夏に東北を破り、甲子園初出場を果たす。翌年の夏も仙台育英は、甲子園大会出場を果たすが、この2年、二塁手として出場し、64年は主将だった金沢規夫（後に氏家）が73年から監督に就任する。金沢監督は78年夏の第60回大会で、1回戦で高松商（県立）を延長17回の熱戦の末に破り3回戦に進出し、全国にその名を広めた。

東北は68年、松尾が国学院大学の出身である竹田利秋を後継の監督に据える。竹田は58年のセンバツに和歌山工（県立）の三塁手として出場している。大学を卒業後は銀行員になったが、松尾が熱心に誘い、東北の監督に就任する。竹田監督が率いる東北が72年のセンバツで準決勝に進出し、東北地方のチームの存在感を示した。76年の夏には2年生の佐々木淳（後に佐々木順一朗）投手を擁し、準々決勝に進出した。85年にも、後に「大魔神」と呼ばれる佐々木主浩《かづひろ》を擁して準々決勝に進出している。

竹田はそこで東北の監督を辞任している。実績のある竹田には、関東の私立校などからの誘いもあった。しかし当時の山本壮一郎宮城県知事をはじめ、県民から竹田が県外に出るのを惜しむ声が多かった。そして何と、ライバル校の仙台育英の監督に就任して世間を驚かせた。竹田監督が率いる仙台育英は、89年の夏の甲子園大会で、大越基投手を擁し準優勝している。

一方、73年から仙台育英の監督だった金沢は、83年まで同校で監督を続けたが、85年には気仙沼市にある東陵の監督に就任。88年の夏には宮城大会の準決勝で仙台育英を、決勝では東北を破り、同校の甲子園大会初出場を果たした。そして既述のように、97年から青森山田の監督に就任して99年夏の甲子園大会で準々決勝に進出している。

また竹田監督が去った東北は、67年に同校を卒業した若山実が監督に就任。93年からは、松尾部長、竹田監督の下で、エース兼主将として68年夏の甲子園大会に出場した若生正広が監督に就任した。若生監督は一度チームを離れるが、97年に復帰。ダルビッシュを擁して準優勝した。

仙台育英の監督になっていた竹田は、95年に勇退した。後任には竹田監督のもと、東北の主戦投手として76年夏の甲子園大会で準々決勝に進出した佐々木順一朗が就任した。01年のセンバツで準優勝した仙台育英の選手たちは表情が明るかった。また、90年代ごろから丸刈りでない選手も出始めたが、基本的には髪の毛が立った、いわゆるスポーツ刈りであった。仙台育英の選手は、決して長髪ではないものの、スポーツ刈りよりは長かった。21世紀になり、高校球児にも新たな風が吹き始めた。現在の監督の須江航は、この時、記録員であった。さらに佐々木監督は18年から福島の学法石川の監督に就任。24年のセンバツに33年ぶりの出場を果たしている。

互いに複雑に関係しあいながら、東北地方の高校野球を牽引してきた東北と仙台育英。21世紀になっても、また新たな歴史へとつながっていく。

21世紀枠出場校

年	回	出場校
1	73	安積（福島）宜野座（沖縄）
2	74	鵡川（北海道）松江北（島根）
3	75	柏崎（新潟）隠岐（島根）
4	76	一関一（岩手）八幡浜（愛媛）
5	77	一迫商（宮城）高松（香川）
6	78	真岡工（栃木）金沢桜丘（石川）
7	79	都留（山梨）都城泉ヶ丘（宮崎）
8	80	安房（千葉）成章（愛知）華陵（山口）
9	81	利府（宮城）彦根東（滋賀）大分上野丘（大分）
10	82	山形中央（山形）向陽（和歌山）川島（徳島）
11	83	大館鳳鳴（秋田）佐渡（新潟）城南（徳島）
12	84	女満別（北海道）石巻工（宮城）洲本（兵庫）
13	85	遠軽（北海道）いわき海星（福島）益田翔陽（島根）土佐（高知）
14	86	小山台（東京）海南（和歌山）大島（鹿児島）
15	87	豊橋工（愛知）桐蔭（和歌山）松山東（愛媛）
16	88	釜石（岩手）長田（兵庫）小豆島（香川）
17	89	不来方（岩手）多治見（岐阜）中村（高知）
18	90	由利工（秋田）膳所（滋賀）伊万里（佐賀）
19	91	石岡一（茨城）富岡西（徳島）熊本西（熊本）
20	92	帯広農（北海道）磐城（福島）平田（島根）
21	93	八戸西（青森）三島南（静岡）東播磨（兵庫）具志川商（沖縄）
22	94	只見（福島）丹生（福井）大分舞鶴（大分）
23	95	石橋（栃木）氷見（富山）城東（徳島）
24	96	別海（北海道）田辺（和歌山）
25	97	横浜清陵（神奈川）壱岐（長崎）

旧女子校の台頭

04年のセンバツも、注目はやはり東北のダルビッシュだった。ダルビッシュは1回戦の熊本工（県立）戦で、いきなりノーヒットノーランを達成する。しかし準々決勝の初出場の済美との試合では、右肩の張りを訴えたこともあり、ダルビッシュは左翼手で出場し、経験豊富な横手投げの真壁が先発した。真壁は3回裏に2点を失ったものの、次第に調子を上げて済美打線を抑える。打線も奮起して6点を挙げて6－2と4点リードして9回裏、済美の攻撃を迎える。済美は粘りこの回2点を返したものの、二死。走者が2人出ているものの、2点のリードがあり、勝利は目前だった。けれどもこの試合、真壁に抑えられていた3番・高橋勇丞が、左翼手ダルビッシュの頭上を越えてレフトスタンドに入る逆転サヨナラ3ランを放ち、ダルビッシュの春の戦いは、思わぬ形で終わった。

東北を破り勢いに乗った済美は、準決勝でも明徳義塾を7－6で破り、決勝に進出した。決勝戦は本来12時30分開始の予定であったが、天候不順により前日のうちに午後4時開始に変更した。当日さらに変更があり、結局試合が始まったのは午後4時44分という異例のナイター決戦になった。済美は愛工大名電相手に、3回表までに4－0とリード。愛工大名電も追い上げたが、結局6－5で済美が勝ち優勝した。

済美の監督は宇和島東（県立）の監督だった上甲正典。上甲監督は宇和島東の監督だった

88年には初出場で優勝しており、済美で再度初出場校を優勝させた。しかも88年の時の決勝戦の相手は東邦であり、ともに愛知の強豪を破っての優勝だった。そのうえ済美は創部3年目、実質2年で全国大会の優勝を成し遂げたことになる。

済美は1901年、松山裁縫伝習所として開校し、11年に済美高等女学校になり、48年に現在の校名になっている。2001年に創立100周年を機して共学化を打ち出し、02年から男子生徒の募集を始めた。共学化とともに、松山市の郊外に専用グラウンドを作り、野球部の強化に乗り出したが、問題は指導者だった。

01年6月、上甲監督は妻を亡くして心の支えをなくしており、その年の夏の大会の後、宇和島東の監督を辞めていた。済美の関係者は上甲を熱心に勧誘した。亡くなった妻が「うちの人から野球を取ったら何が残るの」という言葉を遺していたこともあり、家業として営んでいた薬局を閉じ、この年の9月に済美の初代監督に就任した。

上甲が監督に就任したことで優秀な人材が集まったが、02年夏の愛媛大会は小田（県立、現内子高校小田分校）に6－8で敗れ、翌年の愛媛大会は丹原（県立）に0－10で敗れるような状況だった。それでも新チームになったその年の秋には、一気に四国大会で優勝し、センバツに出場した。

センバツで優勝したことで、「『やれば出来る』は魔法の合いことば」という校歌とともに、済美の名は全国に広まった。

翌年のセンバツは、前年準優勝の愛工大名電が、悲願の初優勝を果たした。一方決勝戦で愛工大名電に敗れ準優勝になった鹿児島の神村学園は、済美と同様に創部3年目であった。この学校は、1956年に串木野経理専門学校として開校し、67年に串木野女子高となり、90年に神村学園と改称し、97年から共学化した。野球部を創部したのは2003年からだった。監督の長澤宏行は、高校までは硬式野球をしていたが、日体大に入学後はソフトボールに転向。卒業後は兵庫の女子校だった夙川学院（現須磨学園夙川）でソフトボール部の監督になり、高校総体で5連覇を含む8度の優勝をし、96年のアトランタオリンピックでは、日本代表のヘッドコーチを務めた人物だ。さらに鹿児島商工（現樟南）時代に甲子園大会出場経験がありながらも、男子100メートルで陸上の日本選手権で3回優勝したことがある宮崎博史を臨時コーチに迎えて走力を上げて、センバツに臨んだ。後に西武、巨人でプレーするエースの野上亮磨をはじめ戦力が整った神村学園は、初出場でいきなり準優勝した。

長澤監督はその後、環太平洋大の監督を経て、2010年に創部したばかりである岡山の創志学園の監督に就任した。創志学園は、1884年、志信裁縫女学校として開校した歴史のある学校だ。その後、何度か校名を変更し、1998年にベル学園という校名になり共学化した。2010年に創志学園となって野球部が発足した。そしてその翌年、早くもセンバツ出場を果たした。選手全員が2年生。史上最速の甲子園出場として話題になった。

99年夏の甲子園大会で優勝した桐生第一は、1901年に桐生裁縫専門女学館として開校した元女子校。68年に男子部を設け、89年から桐生第一の校名になっている。青森山田も元は女子校で51年に男子部を設置している。この両校は、比較的早い時期に共学化している。公立校は、戦後の学制改革の時に共学化した学校が多い。その一方で世紀が変わるこの時期は、団塊ジュニアの時代が終わり、深刻な少子化時代を迎え、生き残りをかけた選択として共学化した学校が多い。そして共学化した旧女子校が、高校野球の勢力図にも大きな影響を与えることになった。

2024年のセンバツで優勝した健大高崎は、1936年に服装和洋裁女学校として開校し、2001年に共学化している。石川の遊学館は、1904年に女子校の金城遊学館として開校し、96年に共学化した。香川の英明は、1917年に明善高等女学校として開校し、2001年に共学化した。11年夏に激戦地・愛知大会を勝ち抜き甲子園大会出場を決めた至学館は、元は中京女子大付であり、05年に共学化している。05年夏に宮崎代表として甲子園大会に出場した聖心ウルスラは、02年に共学化したばかりであった。益子直美ら日本代表選手を輩出した女子バレーボールの名門・共栄学園は03年に共学化し、23年夏に東東京代表として甲子園大会に出場している。さらに16年に共学した愛媛の聖カタリナは、21年の春と24

年夏の甲子園大会に出場しており、愛媛の共学化の先輩である済美のライバルになっている。
共学化した旧女子校は、21世紀の甲子園の新勢力になっている。

北海道に渡った深紅の大優勝旗

04年夏の甲子園大会も、東北のダルビッシュは注目の存在だった。3回戦の千葉経大付との試合は、雨中の熱戦になった。8回まで1－0で東北がリードしていたが、9回表に追いつかれ、延長10回表に2点を入れられ、敗れた。千葉経大付の松本吉啓監督は、76年夏に桜美林が全国制覇した時のエース。そして息子の啓二朗がダルビッシュに投げ勝った。

駒大苫小牧は前年夏の1回戦で倉敷工（県立）と対戦。4回途中まで8－0とリードしながら、雨のためノーゲーム。当時は継続試合ではなく、最初から仕切り直しであったため、5－2で敗れた。その悔しさで一段とたくましくなった駒大苫小牧は、04年は3回戦で強打の日大三に7－6で競り勝つと勢いに乗った。準々決勝では、涌井秀章投手を擁する横浜に6－1で快勝。1928年の北海以来、北海道勢としては76年ぶりに準決勝に進出した。準決勝では東海大甲府に10－8で打ち勝ち、北海道勢としては初の決勝進出を果たした。

決勝戦の相手は、夏は初出場ながらセンバツ優勝の済美。創部3年目で春夏連続優勝か、北海道勢初の全国制覇か、どちらが勝っても歴史的な出来事になる一戦は、記録的な打撃戦になった。試合時間は2時間54分。両チームの得点の合計は23。駒大苫小牧の安打数は20。両チームの安打数は39。両チームの残塁26。これらはいずれも決勝戦での新記録であった。そして13－10で駒大苫小牧が勝ち優勝した。この大会を通じての駒大苫小牧のチーム打率は・448。01年の日大三の・427を更新する新記録であった。

それまで優勝旗の北限は春夏とも62年に春夏制覇を果たした栃木の作新学院であった。夏の深紅の大優勝旗は東北地方を越え、一気に北海道に渡った。

優勝監督の香田誉士史は佐賀商（県立）から駒沢大に進学し、卒業後は佐賀商のコーチをしていた。94年に佐賀商が全国制覇を果たす。その翌年、駒沢大の太田誠監督の薦めで駒大苫小牧の監督に就任することになった。佐賀市出身の香田にとって、雪に閉ざされた北海道の冬は過酷だった。そこで相談したのが、大昭和製紙北海道の我喜屋優だった。我喜屋は沖縄・興南の主将として1968年夏の第50回の甲子園大会で準決勝に進出した。卒業後は大昭和製紙に就職し、北海道白老町の大昭和製紙北海道でプレーし、74年の都市対抗野球で北海道勢として初の優勝を果たした。その我喜屋の答えは明快だった。「雪が邪魔ならどければいい」。そこで香田は雪上ノックなど、北海道の特性を生かした練習でチーム力を上げての優勝だった。

駒大苫小牧は翌年の夏も、前年の優勝を経験した主将の林裕也らに加え、2年生ながら投手陣の柱である田中将大、2年生ながら4番の本間篤史などを加え、一層強いチームになっていた。

駒大苫小牧は準々決勝の鳴門工(当時は市立、現鳴門渦潮)戦で7回表までに6-1とリードされる苦しい展開になった。ところが7回裏に猛攻で一挙6点を挙げて逆転し、勝利をものにした。

準決勝で対戦した大阪桐蔭には大会ナンバーワン投手と評価をされていた辻内崇伸、後に中日で活躍する平田良介、それに1年生ながら4番を任せられた中田翔ら、そうそうたるメンバーが揃っていた。試合は駒大苫小牧が2回表に5点を入れてリードしたが、大阪桐蔭は辻内の本塁打などで7回裏に3点、さらに8回裏も2点を入れて同点に追いついた。それでも駒大苫小牧は10回表に林の二塁打などで勝ち越し、2年連続の決勝進出を決めた。

決勝戦では京都外大西を5-3で破り、大会連覇を果たした。しかも田中将大や本間など、2年生に逸材が多く、31年の第17回大会から33年の第19回大会までの中京商(現中京大中京)以来、どのチームも成し遂げていない大会3連覇が期待される強さであった。

しかし、駒大苫小牧の前に立ちはだかったのが、早稲田実の「ハンカチ王子」こと、斎藤佑樹であった。

名門早実、初の夏制覇

東京の高校野球において、早稲田実は特別な存在だ。春も夏も第1回大会の東京代表はいずれも早稲田実だ。1957年の第29回のセンバツ大会では、王貞治投手を擁して優勝。優勝旗が初めて箱根の山を越えた。80年夏の甲子園大会では、1年生の荒木大輔投手を擁して準優勝。3年生の夏まで続く「大ちゃんフィーバー」で東京の高校野球人気も高まった。

東京の高校野球をリードしてきた早稲田実が2001年、新宿区から国分寺市に移転した。それにともない夏の大会は、東東京大会から西東京大会に変わった。強豪・早稲田実の移転は、東京の高校野球の勢力図にも大きな影響を及ぼすだけに、波紋が広がった。西東京の学校にとっては、来なくていい、というのが、率直な思いだった。けれども移転当時、早稲田実の野球部は厳しい状況に置かれていた。

新宿区早稲田鶴巻町時代、野球部員は練馬区武蔵関の練習場に通っていた。しかし移転に先立つ99年に練習場は閉鎖された。そこでOBなどのつてを頼って、社会人チームのグラウンドなどを転々とした。西東京大会に移ってからしばらくは、準決勝までが最高で、甲子園には届かなかった。

04年、八王子市南大沢に野球部専用の練習場、「王貞治記念グラウンド」が完成する。この年、斎藤佑樹が入学する。2年生の夏の西東京大会、準決勝の日大三戦に斎藤は先発したが打ち込まれ、1－8の7回コールドで負けた。この敗戦が転機になり斎藤の意識も変わる。そして新チームになった秋は、準決勝で日大三を2－0で破り、決勝戦でも東海大菅生を4－3で下し、翌年のセンバツ出場を確実にした。

06年、早稲田実は18年ぶりのセンバツ出場を果たす。早稲田実は2回戦で岡山の関西と対戦。9回裏に3点を失い同点に追いつかれ、延長15回7－7で引き分けた。斎藤は完投し、231球を投げた。再試合は早稲田実が9回表に2点を入れて逆転し、4－3で勝った。斎藤は3回から登板し103球を投げた。準々決勝の横浜戦でも斎藤は先発したものの、序盤から打ち込まれ、13－3で敗れている。この大会は、横浜が優勝している。春季都大会は準決勝で日大鶴ケ丘に敗れた。一方日大三は都大会で優勝したのに続き、関東大会でも優勝した。

この年の6月、当時ソフトバンクの監督だった王貞治は、胃に腫瘍がみつかり、翌月に神宮球場に近い慶応病院に入院した。王先輩を励ますためにも、早稲田実は負けられない戦いになった。

夏の西東京大会、早稲田実は初戦（2回戦）で昭和（都立）に苦戦、3－2で辛勝した。準決勝では春季都大会で敗れた日大鶴ケ丘を5－4で下し、決勝戦に進出した。決勝戦の相手は日大三。日曜日の神宮球場には、2万5000人の観客が詰めかけた。試合は追いつ追われつの白熱の攻防。9回が終わって3－3で延長戦に突入した。延長に入っても10回表裏で両チーム得点する。11回裏、船橋悠のサヨナラ打で勝って甲子園出場を決めた。試合時間3時間48分の激闘だった。球場の歓声が聞こえるくらいの距離の慶応病院に入院している王貞治に届けた優勝だった。

甲子園では2回戦で大阪桐蔭と対戦した。斎藤は大阪桐蔭の2年生の4番打者・中田翔を3三振と左飛に抑え込み、11－2で圧勝、世間の早稲田実をみる目が変わり始めた。準々決勝の日大山形戦はリードされる展開になったが、8回裏に4点を入れ、5－2で逆転勝ちした。

準決勝も鹿児島工（県立）を5－0で破り、荒木大輔の時代以来、26年ぶりの決勝戦進出を決めた。斎藤は、顔の汗をハンカチで拭う姿が話題になり、「ハンカチ王子」と呼ばれるようになっていた。決勝戦の相手は、3年連続優勝を目指す、田中将大を擁する駒大苫小牧。まさに世紀の対決であった。

決勝戦、駒大苫小牧は背番号11の菊地翔太をマウンドに送った。早稲田実は当然、斎藤が先発した。菊地は3回途中で降板し、田中がマウンドに立った。8回表駒大苫小牧は2番・三木悠也の本塁打で1点を先制したものの、その裏早稲田実は4番・後藤貴司の大きな中犠飛で同点に追いつく。その後も両投手の球威は衰えず、激しい攻防が続き、延長15回で引き分け再試合になった。決勝戦の引き分け再試合は松山商（県立）・三沢（県立）以来37年ぶりという、球史に残る一戦になった。

再試合でも駒大苫小牧は菊地、早稲田実は斎藤が先発した。1回裏に早稲田実が1点を先制すると駒大苫小牧は早々に田中をマウンドに送った。試合は早稲田実が4－1とリードして9回に。駒大苫小牧は3番・中沢竜也の2ランで1点差に迫る。それでも二死。打席には田中が入った。そして斎藤の渾身のストレートで三振。2日間に及ぶ熱戦の幕が下りた。早稲田実は学校創立が1901年。野球部創部が1905年。センバツの優勝はあるけれども、夏は初の全国制覇だ。そして夏の第1回大会の出場校で、第2回以降に優勝したのは1921年の第7回、22年の第8回大会で連覇した和歌山中（県立、現桐蔭）があるものの、戦後というよりも、昭和以降では早稲田実が初のケースであった。

斎藤がこの夏に奪った三振は78。これは58年の第40回大会で徳島商（県立）の板東英二が記録した83に次ぐ歴代2位の記録だった。斎藤はこの大会、ほぼ1人で投げ、投球数は948球に達した。準々決勝からは4日連続の投球で、この4日間だけでも555球を投げている。

優勝が決まった翌日、8月22日付の「朝日新聞」には、79年夏、球史に残る延長18回の戦いを繰り広げた箕島（県立）の尾藤公と星稜の山下智茂の会話が載っている。

「山下　早稲田実と駒大苫小牧の2試合で、野球の奥深さ、すごさが分かってもらえたと思う。（後略）

尾藤　バントの精度や堅い守備など、第1回大会から作り上げ、ここに結実したのが早稲田実の野球。この決勝に出会えてよかった。感謝したい。胸がいっぱいだ。」

早稲田実と駒大苫小牧の決勝戦は、試合そのものが、素晴らしかったことは間違いない。それに歴史の重さが加わり、極めて価値ある一戦になった。

普通の公立校が起こした奇跡

07年、出場選手全員が平成生まれになった。

この年のセンバツの決勝戦は静岡の常葉菊川と岐阜の大垣日大の東海対決になり、6－5で常葉菊川が勝って、初優勝を決めた。常葉菊川は1972年に常葉短大菊川という女子校として開校し、4年後に共学に移行し、80年に常葉菊川という校名になり、2017年から常葉大菊川と改称している。野球部は83年に創部した。78年のセンバツで監督として浜松商（県立）を優勝に導いた磯部修三が00年に常葉短大の教授に招かれ、野球部を指導して力を付けた。野球部の監督は06年の夏の大会が終わった後、78年に浜松商が優勝した時に主将だった森下知幸にバトンタッチしていた。

一方、1963年に創立した大垣日大は、05年に東邦の監督として89年のセンバツに優勝するなどの実績のある名将・阪口慶三が監督に就任して力を付けた。浜松商がセンバツで優勝した前年の夏、阪口監督率いる東邦は、「バンビ」と呼ばれた1年生の坂本佳一投手を擁し、準優勝している。東海地方の伝統校の指導者が、新たな強豪を生み出したことになる。

07年の夏は、佐賀北（県立）の「がばい旋風」に沸いた。「がばい」は、とても、非常になどを意味する佐賀弁で、タレント・島田洋七の自伝的小説「佐賀のがばいばあちゃん」が話題になり、06年には映画化されるほどヒットした。佐賀北の快進撃は、まさに「がばい」驚きであった。

佐賀北は開幕戦に登場。左の馬場将史、右の久保貴大の投手リレーで福井商（県立）を2－0で破った。2回戦は宇治山田商（県立）と延長15回の熱戦になり、4－4で引き分け再試合になった。再試合は9－1で圧勝。2試合とも馬場、久保の投手リレーで戦った。3回戦は前橋商（県立）を5－2で破り準々決勝に進出した。

高校野球ファンが、佐賀北を見る目がはっきり変わったのが、準々決勝の帝京戦だった。当時の帝京には後にソフトバンクで活躍する中村晃、日本ハムで活躍する杉谷拳士らそうそうたる選手が揃っていた。序盤佐賀北が3－1とリードするも帝京は4回表に同点に追いつく。そこから緊迫の投手戦になっていく。

8回裏、佐賀北の8番・久保の二遊間の当たりを、帝京の二塁手・上原悠希が好捕。しかし、一塁に向きを変えていては間に合わない。そこに走ってきた遊撃手の杉谷にグラブトス。杉谷が一塁に送球してアウトにするという、高校野球では珍しい高度なファインプレーに甲子園は沸いた。すると9回表守備につく佐賀北の選手は、投球練習の間のボール回しで、帝京のプレーを真似て、スタンドから笑いが起きた。接戦の中でも佐賀北の選手は、どこか強豪との試合を楽しむ余裕が感じられた。

9回表二死一、二塁から帝京の2番・上原が右前安打を放つ。二塁走者が本塁を突くが、右翼手・江頭英治の落ち着いた送球でアウトにする。

延長に入っても帝京が攻めたが、10回、12回のチャンスで帝京はスクイズを敢行するが、いずれも投手の久保がグラブトスで得点を阻止した。そして13回裏2番・井出和馬の中前適時打で佐賀北がサヨナラ勝ちを収めた。

かつては佐賀と長崎は西九州大会で夏の甲子園大会への切符を争っていたが、準決勝は長崎日大と対戦。3－0で勝利をおさめ、佐賀県勢としては94年の佐賀商（県立）以来の決勝進出を決めた。

決勝戦の相手は広陵。野村祐輔、小林誠司のバッテリーに、上本崇司、土生翔平ら、後にプロ入りする選手がおり、完全に格上の相手だった。試合は7回までで4－0と広陵がリード。佐賀北は、野村に1安打に抑えられていた。

ところが8回裏一死後、佐賀北の8番・久保が左前安打で出塁すると、代打の新川勝政が右前安打で続く。すると球場の雰囲気が変わった。そこから2人連続四球の押し出しで1点を返す。投手の側には厳しい微妙な判定もあったが、広陵バッテリーも球場の雰囲気にのまれていった。そして3番・副島浩史の逆転満塁本塁打で佐賀北の奇跡の優勝が決まった。

この大会で佐賀北は、宇治山田商との引き分け再試合、帝京との延長13回を戦い、トータル73回を戦った。これは06年夏の早稲田実の69回を上回る新記録で、おそらく今度は破られることがないであろう記録である。佐賀北の優勝は、公立校復活を意味しない。旋風であり、特別感があるからこそ、スタンドは熱狂し、独特の雰囲気を作り上げた。24年までの段階で夏の甲子園大会で公立校の優勝はその後はない。決勝戦まで進んだのは、18年の金足農（県立）だけだ。

18年夏の第100回大会、金足農は3回戦の横浜戦で、8回裏に6番・高橋佑輔が放った逆転3ランで勝ち、準々決勝で近江をサヨナラ逆転の2ランスクイズで破るミラクルを起こした。準決勝も日大三に競り勝ち、決勝戦に進出した。決勝戦はエース・吉田輝星が力尽きて大敗したが、第100回の記念すべき大会を盛り上げたのは、間違いなく金足農だった。

佐賀北も金足農も勝ち方がミラクルだったが、今では公立校が勝ち進むこと自体がミラクルになっている。

大阪桐蔭時代の到来とＰＬ学園時代の終焉？

08年は、春は第80回、夏は第90回の記念の年である。

まずセンバツは好投手・東浜巨を擁する沖縄尚学が9年ぶりに優勝した。9年前に優勝した時に投手陣の柱だった比嘉公也が監督として甲子園に戻ってきてつかんだ栄光だった。

夏は大阪桐蔭が17年ぶり2度目の優勝をした。98年に西谷浩一が監督に就任してから最初の全国制覇だった。

既述のように大阪桐蔭はＰＬ学園出身の森岡正晃が立ち上げに関わり、ライバル関係になっていった。91年に大阪桐蔭が全国制覇をすると、98年にＰＬ学園は松坂大輔投手を擁する横浜と死闘を繰り広げ、存在感を示してきた。

しかし01年、ＰＬ学園の暴力事件が相次いで発覚。7月に対外試合禁止6か月という重い処分が決まった。その年の夏の大会だけでなく、翌年のセンバツにつながる秋季大会も出場できなくなった。かつては連帯責任で不祥事とは関係のない生徒も活動の場を奪われることが多かったが、この時代になると、個人の不祥事で連帯責任を取らせる処分はしない、という方針になっていた。けれども、それだけ深刻かつ構造的だったということだ。日本高校野球連盟は、「部の解散も考えた改革が必要」という厳しい意見を示した。翌年から体育コースが廃止され、普通科の生徒と同じ授業を受けるようになった。

それでもPL学園は甲子園に戻ってきた。03年夏の甲子園大会は、1回戦で雪谷（都立）を13－1で破り、2回戦で福井商（県立）に2－4で敗れた。

PL学園と大阪桐蔭の対決という面では、04年の夏がクライマックスだった。大阪大会の決勝戦で両チームは激突。PL学園は3年生のエース・中村圭が先発、大阪桐蔭は翌年の甲子園を沸かせることになる辻内が先発したが、この一戦は両者譲らず4－4、延長15回、引き分け再試合になった。再試合でPL学園は後にメジャーリーグで活躍する当時1年生の前田健太を先発させ13－7、先発全員安打で打ち勝った。甲子園では初戦（2回戦）で日大三に5－8で敗れている。

05年夏の大阪大会は準々決勝で大阪桐蔭とPL学園が対戦し、4－2で大阪桐蔭が勝っている。既述のように、辻内崇伸らを擁した大阪桐蔭は準決勝で駒大苫小牧と対戦し、延長10回の熱戦の末5－6で敗れた。

06年のセンバツにはPL学園が出場。3年生になりチームの中心選手になった前田は、1回戦の真岡工（県立）戦で奪三振16の快投を演じると、2回戦は愛知啓成・水野貴義との投手戦になったが1－0で勝ち、準々決勝の秋田商（県立）との試合では、自責点1の好投だけでなく、前田自らが本盗まで決め4－1で勝ち、準決勝に進出した。準決勝では長崎の清峰（県立）に0－6で敗れたものの、いま思えば、前田が躍動したこの春が、PL学園らしい活躍をした最後の大会だったかもしれない。PL学園は09年に春夏連続出場を果たしたが、春は2回戦で南陽工（県立）に1－2で敗れ、夏は3回戦で県岐阜商に3－6で敗れている。

大阪桐蔭は08年夏の全国制覇に続き、12年は藤浪晋太郎、森友哉のバッテリーを擁し春夏連続優勝。14年夏もまとまりのいいチームで全国制覇を果たし、17年のセンバツは履正社との大阪決戦を8－3で制して優勝すると、第90回となる翌年の春も、第100回となるその年の夏も優勝した。あまりの強さに、アンチファンも多くなり、大阪桐蔭がリードされる展開になると球場が盛り上がり、大阪桐蔭にとってはアウエーの雰囲気になった。強いチームを作ることは努力の結果であり、決して非難されることではない。いい選手が集まるのは、それだけの魅力があるということだし、選手を集めれば勝てるほど、野球は甘くない。

大阪桐蔭にとって不幸だったのは、履正社という強力なライバルはいるものの、PL学園という、大阪桐蔭がそれまで目標にし、高め合ってきた存在がいなくなってしまったことではないか。PL学園は08年には監督の暴力、11年には部員の喫煙、13年に2年生の1年生に対する暴力により処分を受けた。それにPL教団などの事情も重なり、16年の夏を最後に高校野球の舞台から消えた。活動再開の動きはあるものの、復活はそう簡単ではない。PL学園がかつてのように健在だったら大阪桐蔭の成績はどうなったか。そうした仮定の話は意味がないにしても、大阪桐蔭にとってもPL学園は、貴重な存在だったはずだ。

花巻東の登場

話を09年に戻す。この年のセンバツの決勝戦は長崎の清峰と岩手の花巻東の対戦になり、清峰が1－0で勝ち、長崎県勢として初の優勝を成し遂げた。清峰の今村猛と花巻東の菊池雄星によるハイレベルな投手戦だった。

清峰は長崎県北松浦郡佐々町にある県立校。佐々町は、かつては炭鉱の町だった。監督の吉田洸二は、佐世保商（県立）から山梨学院大に進学。卒業後は佐世保商で3年、平戸（県立）で5年監督を務め、01年から当時は北松南という校名だった、清峰の監督に就任した。当初は部員が10人ほどしかいない弱小チームだったが、選手の力を引き出す指導で急速に力を付けた。05年夏の長崎大会で長崎日大、波佐見（県立）、瓊浦《けいほ》という強豪を相次いで下し優勝すると、甲子園では1回戦でその年のセンバツで優勝した愛工大名電を延長13回の熱戦の末4－2で破り、2回戦ではその前年のセンバツ優勝の済美を9－4で破って旋風を起こした。06年のセンバツでは、準決勝でPL学園を6－0で破り決勝戦に進出した。決勝戦では横浜に0－21という記録的な大敗を喫したものの、長崎の小さな町の公立校は、全国レベルの強豪校になった。そして09年のセンバツで優勝した。24年までの時点で、その後センバツで優勝した公立校はない。

吉田監督は、13年から山梨学院の監督に就任。23年のセンバツで優勝している。春夏の甲子園大会で複数の高校監督で優勝したのは、三池工（県立）、東海大相模で優勝した原貢、取手二（県立）、常総学院で優勝した木内幸男、宇和島東、済美で優勝した上甲正典に次いで4人目になる。さらに複数の県で優勝したのは、原貢監督に次いで2人目となる。

一方決勝戦で敗れた花巻東は、言わずと知れたドジャースの大谷翔平の母校である。甲子園には花巻商という校名だった1964年夏に初出場。82年から現在の校名になり、90年夏に2回目の出場。この2回目は、同校OBで専修大出身の赤川宏が監督であった。01年に黒沢尻北（県立）から国士舘大に進学し、卒業後、横浜隼人で1年間コーチを務めた佐々木洋が監督に就任した。佐々木監督になってから05年と07年夏に甲子園大会に出場したが、センバツは後にメジャーリーグでプレーする菊池雄星を擁した09年が初出場であった。

菊池は盛岡東シニアに所属していた中学生の時から岩手県内では知られた存在であり、菊池が花巻東への進学を決めたことで、他のチームに所属していた県内の有力選手も入学してきた。このセンバツで花巻東は、1回戦で北海道の鵡川（道立）に菊池の9回一死までノーヒットという快投により5－0で大勝すると、2回戦は大分の明豊に4－0で勝利。菊池は

2試合連続で完封した。準々決勝は山口の南陽工（県立）を5－3で破り、準決勝で宮城の利府（県立）に5－2で勝って、決勝戦に進出した。決勝戦は0－1で敗れたものの、菊池の評価は一気に高まった。

夏も甲子園大会に出場し、1回戦で、長崎大会の準々決勝でセンバツ優勝の清峰を破った長崎日大と対戦し、8－5で勝った。長崎日大のエースは、後に広島で活躍する大瀬良大地だった。2回戦は神奈川の初出場校の横浜隼人と対戦した。横浜隼人は、佐々木監督がかつてコーチをしていた学校で、横浜隼人の水谷哲也監督は、佐々木監督にとって大学の先輩でもあった。この横浜隼人に4－1で勝ち、3回戦は東北を4－1で破った。菊池はこの試合で最速154キロを記録している。

ところが準々決勝の明豊戦の途中で、背中に痛みがはしり、マウンドを降りた。関西入りしてから背中に痛みがあったが、準々決勝で悪化した。打線が奮起して7－6で勝ったが、苦しい展開になった。準決勝の中京大中京戦、菊池には悲壮感が漂い、何としても投げようと必死だった。4回途中に登板したものの、2／3イニングしか投げることができず1－11で大敗した。それでも痛みに耐えながら菊池が流した涙は、多くの人の心を打った。

菊池と入れ違いで入学したのが大谷翔平だった。2年生の夏、甲子園に初めて姿を現す。初戦の帝京戦。最速150キロを計測してスタンドを沸かせた。しかし左太ももを痛め、万全の状態ではなく7－8で敗れた。

12年の春のセンバツ、1回戦で藤浪晋太郎を擁する大阪桐蔭と対戦した。大谷は藤浪から本塁打を放ったが、投げては9失点で初戦敗退になった。この夏の岩手大会の準決勝で160キロを計測。日本中に衝撃が走った。しかし決勝戦で盛岡大付に敗れ、甲子園大会出場はならなかった。

花巻東は13年夏も準決勝に進出。選手のほぼ全員が岩手県の出身で、岩手県のレベルが上がったことを全国に示した。

伝統校の相次ぐ復活優勝

09年夏の甲子園大会は、準決勝で花巻東を破った中京大中京が、決勝戦で新潟の日本文理と対戦した。試合は1回裏に中京大中京がエースで4番の堂林翔太の2ランで先制し、6回裏には大量6点を入れるなどして8回を終えて10－4。6回表の途中から2年生の森本隼平にマウンドを譲り、エースの堂林はライトを守っていたが、9回表、再度マウンドに上がった。

堂林は2人をアウトにし、優勝まであと1人になった。しかしここから日本文理の猛攻が始まる。1番・切手孝太が四球、2番・高橋隼之介の二塁打で1点を返し、3番・武石光司の三塁打で2点目。4番・吉田雅俊に死球となったところで、中京大中京は堂林をライトに戻し、一塁手になっていた森本を再度マウンドに上げた。しかし5番・高橋義人に四球で満塁となり、10点を失っても1人で投げ切った伊藤直輝が打席に立った。伊藤は左前安打を放ち2人が生還し、2点差に迫った。実況放送をしていた大阪・朝日放送の小縣裕介アナウンサーは、「つないだ、つないだ、日本文理の夏はまだ終わらない」と叫んだ。さらに代打・石塚雅俊も左前安打を放ち、1点差に迫る。打順が一巡し、8番・若林尚希の安打性の鋭い打球が三塁を襲ったが、三塁手の河合完治が捕球し、中京大中京が逃げ切った。

43年ぶり7回目の優勝である。過去6回の優勝は、中京商の時代に成し遂げたものだった。準決勝まで進出したものの、PL学園に逆転負けした78年の夏、好投手・野中徹博を擁し準決勝、準々決勝に進出した82年、83年の夏など、中京という名称だった時代も、優勝に近づいたことはあった。けれども88年のセンバツを最後に、愛知の中京という名は甲子園から姿を消した。

90年代、学校の方針として偏差値を上げ、進学校化を目指すことになった。95年に商業科が廃止され、中京大中京となった。98年には共学化もされた。建学の精神が、「学術とスポーツの真剣味たれ」であり、応援歌にも、「スポーツ王国中京の」と記されているだけあり、スポーツを軽視したわけではない。しかし、野球部重視という方向ではなくなった。フィギュアスケートの安藤美姫らが入学したのは、そうした時期だった。

90年・中京の三塁手として79年夏の甲子園大会に出場している大藤敏行が母校の監督に就任している。当時は28歳だった。けれども甲子園にはなかなか届かず、OBや熱心なファンから厳しく叱責された。それでも地道にチームを作り上げ、甲子園の舞台に復活したのは97年のセンバツだった。校名は中京大中京になり、ユニホームの胸のCHUKYOの文字は筆記体になり、伝統の立て襟がなくなるなど、新しい姿に驚きの声も多かった。それでも、この大会で準優勝したことで復活の足掛かりとなり、09年の優勝につながった。

なお、現在中京大中京のユニホームは、伝統のユニホームに近い形に戻った。「中京」を復活させた功労者である大藤監督は全国制覇の翌年に勇退した。18年から、愛知のライバルである享栄の監督に就任したことには、高校球界で驚きの声が上がった。

09年夏の決勝戦で中京大中京を苦しめた日本文理の大井道夫監督は、1959年夏の甲子園大会に宇都宮工（県立）のエースとして出場した。この時、愛媛の西条（県立）との決勝戦で、最後は力尽き2－8で敗れたものの、延長15回の死闘を繰り広げた。

優勝は逃したものの、この準優勝が栃木の高校球界に与えた自信は大きかった。当時北関東は群馬の桐生（県立）が強く、栃木県勢は押され気味だったからだ。62年のセンバツで栃木の作新学院が、後にロッテで活躍する八木沢壮六投手を擁し優勝した。

当時の作新学院は戦力が充実しており、史上初の春夏制覇の期待がかかった。しかし夏の甲子園大会を前に、大阪入りした後、エースの八木沢の体調が悪化。赤痢であることが判明した。選手は全員隔離となり、試合どころではなくなった。大会2日目に宮城の気仙沼（県立）と対戦する予定であったが、チーム全員の検査結果が出るのを待つため4日目に延期になった。他の選手は陰性だったので、試合はできたが、延長11回の2－1で辛うじて勝った。八木沢の控えだった加藤斌も力を付けており、決勝戦に進出。決勝戦では福岡の久留米商（市立）を1－0で破り、史上初の春夏連続優勝が実現した。

作新学院は73年の春と夏の甲子園大会で怪物・江川卓が話題をさらった。しかしその後は、78年の夏の甲子園大会には出場したものの、夏の甲子園大会に出場できなくなった。それでもセンバツには2000年に21年ぶりに出場を果たし、04年にも出場した。00年のセンバツに2年生ながら二塁手として出場した小針崇宏は、筑波大で主将を務めた。そして06年に作新学院の保健体育の教師に就任すると、その年の秋から監督に就任した。23歳の若者に、名門復活が託されたわけだ。09年夏に作新学院は31年ぶりの甲子園大会出場を果たす。しかしその大会は1回戦で長野日大に8－10で敗れた。

08年から日本高校野球連盟は若手指導者育成のため「甲子園塾」を開講した。09年の冬に小針監督は甲子園塾に参加し、箕島の監督だった尾藤公や星稜の監督だった山下智茂らの指導を受けた。そして押し付けではなく、選手自らが考える野球を目指した。11年夏の甲子園大会に出場した作新学院は1回戦で福井商（県立）を11－1で破った。これは、江川卓が活躍した73年以来38年ぶりの夏の甲子園大会の勝利であった。この夏作新学院は準決勝に進出する。そして、コロナ禍で中止になった20年を挟み、21年までの間、10年連続で夏の甲子園大会に出場した。その連続出場の途中である16年の夏に全国制覇を果たす。これは、春夏制覇をした62年以来54年ぶりの復活優勝であった。

その前年である15年の夏には、東海大相模が45年ぶりの全国制覇を果たしている。東海大相模は原辰徳が1年生だった74年から76年までの夏は3年連続で甲子園大会に出場した。原辰徳の東海大進学とともに、父親である原貢監督も大学の監督に就任した。原貢監督が三池工の監督として全国制覇した時の捕手だった穴見寛が東海大相模の保健体育の教師になっており、部長として原貢監督を支えていたが、後任として東海大相模の監督になり、77年夏の甲子園大会にも出場している。

74年から77年まで、4年連続で夏の甲子園大会に出場したが、夏の甲子園大会に、次に出場するのは２０１０年だった。92年のセンバツは原辰徳の時代のエースであった村中秀人が監督を務め準優勝している。99年に、やはり東海大相模、東海大の出身である門間敬治が村中の後を継ぎ29歳で監督に就任。エースの筑川利希也らを擁し、00年のセンバツで優勝した。

それでも夏の大会は横浜をはじめ桐蔭学園、桐光学園などに阻まれて出場できなかった。10年に好投手・一二三慎太を擁し33年ぶりに夏の甲子園大会出場を果たした。初戦（2回戦）で茨城の水城を10－5で破り原辰徳が3年生の時以来34年ぶりの勝ち星を挙げると、決勝戦に進出した。決勝戦では沖縄の興南に敗れたものの、東海大相模復活を印象付けた。

「アグレッシブ・ベースボール」をモットーとする門間監督の下、快進撃は続き、東日本大震災後に開催された11年のセンバツでも優勝した。15年の夏は小笠原慎之介、吉田凌という、プロ入りする二枚看板の好投手に強力打線を擁して、決勝戦で仙台育英を10－6で破り45年ぶりの優勝をした。

その前年、東海大相模野球部躍進の礎を築いた原貢が死亡。15年の夏、日本高校野球連盟は原貢に育成功労賞を贈ることを決め、8月15日に甲子園球場で行われた表彰式には当時巨人の監督だった息子の辰徳が代わりに出席した。そしてその年に全国制覇を果たした。

沖縄・興南の春夏制覇

10年夏の甲子園大会決勝で東海大相模を破り、沖縄県勢として初の夏制覇を果たした興南は、春のセンバツでも優勝しており、春夏制覇を果たしている。けれども興南もまた83年夏に甲子園大会に出場してから長い空白期があり、復活出場したのは、07年の夏だった。興南を復活させたのは、興南にとってはレジェンドである1950年生まれの我喜屋優だった。

沖縄が本土復帰する前の68年夏、第50回の記念大会に出場した興南は、1回戦で岡谷工（県立）、2回戦で岐阜南（現岐阜聖徳学園）、3回戦で長崎の海星を破り、準々決勝でも盛岡一（県立）を破り準決勝に進出した。まだ沖縄が弱かった時代。甲子園のスタンドは完全に興南の味方になり、那覇の国際通りから人が消えたという。準決勝では優勝した興国に0－14で敗れたものの、沖縄の人たちに与えた自信は大きかった。

当時の興南は、学校創立に関わり理事でもあった高良徳英が、野球は素人ながらチームを指導していた。しかし、甲子園に向けて那覇港を出発する2日前に病気で行けなくなり、若い瀬長実が臨時監督になった。瀬長監督は興南を卒業してから社会人野球で活動していたものの、母校のコーチをしたこともなく、船の中で選手の顔と名前を必死に覚えたという。

そうしたチームを主将としてまとめたのが我喜屋優だった。検疫で甲子園の土は持って帰れないので、そっとユニホームのポケットに甲子園の土をしのばせて持ち帰った。我喜屋は大昭和製紙に就職し、3年後に北海道に転勤した。大昭和製紙北海道は、我喜屋の活躍もあり74年の都市対抗で北海道勢として初めて優勝している。

かつては野球では弱小県とみられていた沖縄だが、栽弘義監督が率いる豊見城（県立）や沖縄水産（県立）などが結果を残すことで、次第に評価も変わってきた。

さらに沖縄の野球のレベルを引き上げたのは、プロ野球のキャンプである。沖縄本土復帰の記念事業として75年に沖縄国際海洋博覧会が開催され、沖縄観光の目玉となったが、海洋博後の観光客の落ち込みに沖縄の観光関係者は頭を悩ませていた。そこで沖縄県観光連盟の人が思いついたのが、スポーツだった。当時、ドーム球場はなかったが、人工芝の後楽園球場で球場結婚式を行い、新婚旅行で沖縄に行き、温暖な沖縄を球団関係者にアピールするという形で関係を築いた。当時巨人とともに後楽園球場を本拠地としていた日本ハムが、79年に投手陣のキャンプを名護で始めた。その年、高橋直樹が20勝を挙げ、翌年は新人の木田勇が投手のタイトルを総なめにし、新人王とMVPを同時に受賞したこともあって、キャンプ地としての沖縄の評価が高まり、82年から野手も含めた本格的なキャンプが始まった。そこから他の球団も沖縄でキャンプをするようになり、次第に日本の球団だけでなく、韓国の球団もキャンプを行うようになった。そのため、沖縄本島各地に球場や練習施設が整備された。プロの練習をしっかり見ることができるだけでなく、球団は通常は野球教室も行うので、プロの選手や指導者から直接学べる環境が作られた。

このように、野球のレベルは上がったけれども、「なんくるないさ（何とかなるさ）」という言葉に象徴されるおおらかさが、沖縄のいい面でもあるけれども、勝負に関してはネックになった。

我喜屋は北海道にいて、駒大苫小牧の2年連続優勝や、06年の早稲田実との名勝負などをみて、高校野球も面白いと思っていたところに、阪神に入った仲田幸司投手を擁して出場した83年の夏以来、甲子園から遠ざかっていた母校から声がかかり、07年の春に監督に就任した。そしてまず手を付けたのは、「なんくるないさ」的なゆるさからの脱却だった。集合時間に遅れた選手は試合に出さない。寮で消灯時間を2分過ぎても起きていた選手をきつくしかった。

07年夏、24年ぶりに甲子園大会出場を果たすと、09年は春夏連続出場を果たした。このチームにはエースの島袋洋奨をはじめ2年生が多く、翌年はさらに強いチームになった。10年のセンバツでは、1回戦で島袋が奪三振14の投球で岡山の関西を4－1で下すと、智弁和歌山、帝京、大垣日大を下し、決勝戦に進出した。

決勝戦の相手は日大三。明大を経て1位指名でオリックスに入団するエースの山崎福也に横尾俊健、高山俊、畔上翔、鈴木貴弘ら、翌年の夏の全国制覇の主力になる選手も揃う強豪だった。試合は5－5で延長戦に入った。延長12回表に日大三が四球や失策で失点を重ね5点が入り、10－5となったが、試合時間2時間55分の激闘だった。

沖縄県勢のセンバツ優勝は、99年、08年の沖縄尚学に続いて3回目となる。しかし当時、沖縄県勢は夏の優勝はまだなかった。

10年夏の甲子園大会、興南は順当に勝ち上がったが、最大の難関になったのは、準決勝の報徳学園戦である。エース・島袋が2回までに5点を失い劣勢に立たされたが、果敢な走塁もあって5回表に3点、6回表に1点と追い上げ、7回表、主将で3番打者の我如古盛次の三塁打で同点に追いつくと、4番の真栄平大輝の中前安打で逆転した。島袋が苦しみながらも徐々に調子を取り戻し、6－5で辛勝した。決勝戦では13－1で東海大相模を圧倒。春夏制覇を成し遂げた。

42年前の「興南旋風」では、思いのほかの健闘に対する激励の拍手だったが、春夏制覇では、強者に対する賞賛の拍手に変わっていた。

第7章

高校野球100年

～歴史の扉が開いた

2023年夏「週刊ベースボール」9/16増刊号

タイブレークの導入

改めて10年代を振り返ると、大阪桐蔭が抜きん出た力をみせる中で、近畿勢の活躍が目立った。12年は大阪桐蔭が春夏制覇を果たし、青森の光星学院が春夏とも準優勝だった。14年春は京都の龍谷大平安がセンバツでは初優勝を果たし、大阪の履正社が準優勝だった。夏は大阪桐蔭が優勝し、三重が準優勝と健闘した。16年のセンバツは奈良の智弁学園が優勝し、高松商（県立）が準優勝。高校野球史を飾った四国の商業高校が久々に存在感を示した。17年のセンバツは大阪桐蔭と履正社の大阪決戦となり、大阪桐蔭が優勝した。18年は春も夏も大阪桐蔭が優勝し、春は智弁和歌山が準優勝、夏は旋風を起こした金足農（県立）が準優勝した。19年の夏は履正社が優勝し、星稜が準優勝だった。

近畿勢の強さが目立つ一方で、関東勢も存在感をみせた。大震災の後で開催が危ぶまれる中でも辛うじて開催にこぎつけた11年のセンバツは東海大相模が優勝し、九州国際大付が準優勝だった。11年の夏は日大三が優勝し、光星学院が準優勝だった。13年のセンバツは浦和学院が初優勝し、愛媛の済美が準優勝した。13年の夏は初出場の前橋育英が優勝した。荒井直樹監督と主将で4番で三塁手の荒井海斗は親子。原貢、原辰徳親子ですら成しえなかった、親子優勝を成し遂げた。準優勝は宮崎県勢として初めて決勝に進出した延岡学園だった。15年の夏は東海大相模が優勝、仙台育英が準優勝で、関東第一、早稲田実の東京勢が4強に入った。16年夏は作新学院が優勝、北海が準優勝だった。17年の夏は埼玉の花咲徳栄が優勝し、広陵が準優勝だった。

関東勢、近畿勢の優勝が目立つ中で、15年のセンバツで、決勝戦で東海大四（現東海大札幌）を破り優勝した福井の敦賀気比、19年のセンバツで千葉の習志野（市立）を破って優勝した愛知の東邦の健闘が光った。特に敦賀気比の優勝は北陸勢として春夏を通じて初の優勝だった。

また私立校優勢の中で特筆すべきは、19年に明石商が春夏ともに準決勝に進出したことだ。明石市が市立の明石商を強化するため、指導者を公募し、市教育委員会の職員として採用した。それが明石市出身の狭間善徳だった。狭間は高知の明徳義塾中学・高校のコーチを経て、明徳義塾中学の監督になり、軟式野球の全国大会で4回優勝した実績がある。自治体のやり方次第では、公立校にも可能性があることを示した。

高校野球の全国大会は、1915年夏、大阪・豊中グラウンドで全国中等学校優勝野球大会として始まった。2015年は高校野球が始まって100年、戦争で中断した時期があったため、年数と回数は合わないが、18年夏に第100回大会を迎えた。

100年と100回という非常に大きな節目を迎え、高校野球も大きく変化し始めていた。まず深刻な問題は、少子化、野球人口の減少であり、それにともなう参加校数の減少である。

高校の生徒数が89年をピークに減少した後も、96年に一度減少したものの、また増え始めた。90年の夏に初めて4000校を突破した地方大会の参加校数は、2003年の夏には4163校に達した。女子校の共学化、軟式だった高校が硬式に転換することなどで、生徒数の減少にもかかわらず増えていたが、04年からは減少に転じ、12年に3985校と3000校台に戻った。

少子化により学校の統廃合が進んだ。日本高校野球連盟では、97年から統廃合にともなう部員不足が生じた場合、連合チームで参加することを認めた。12年からは、統廃合に関係なく、部員不足による連合チームでの参加を認めることになった。部員不足で大会に出場できない学校が増加したことによる救済措置であった。

また延長戦については、従来は18回までだったが、98年夏の準々決勝、横浜・PL学園の延長17回の試合を契機に、2000年からは15回までとして、決着がつかない場合は再試合となった。そこで06年夏の決勝戦、早稲田実と駒大苫小牧の引き分け再試合のようなドラマが生まれた。しかし18回で決着がつかない試合はそうはないが、15回だと生じやすい。14年3月29日、センバツの2回戦で桐生第一と広島新庄の試合は延長15回1－1で引き分けた。さらに、17年3月26日、センバツの2回戦で、第2試合の福岡大大濠と滋賀学園の試合は延長15回1－1で引き分けたのに続き、第3試合の福井工大福井と健大高崎の試合も延長15回

7－7で引き分けた。そのため、日程を1日延ばさなければならなくなった。

こうしたことから、15年に甲子園とは直接つながらない春季大会でタイブレークが試験的に導入されたのに続き、18年からはほぼ全ての公式戦でタイブレークが実施されることになった。これは、延長12回まで通常通り試合を行い、13回からは、無死一、二塁から始めるというもの。打順は12回で終わった次の打者から始まり、走者は、最初の打者の打順の前の2人がつくことになった。

甲子園大会で最初にタイブレークが行われたのは、18年夏の第100回の甲子園大会の1回戦、佐久長聖と旭川大の試合だった。4－4の試合は、13回からタイブレークになり、14回表に1点を入れた佐久長聖が勝った。

劇的だったのはこの大会の2回戦、済美と星稜の試合だった。星稜は1回表に5点を入れ、星稜の2年生エース・奥川恭伸が済美打線を抑え楽勝のペースだった。しかし奥川が足に痙攣を起こし、4回で降板する。それでも7回が終わって7－1で星稜が大量にリードしていた。ところが済美は8回裏9番・政吉完哉の3ランなどで一挙に8点を入れて逆転する。9回表に星稜が2点を入れて9－9で延長戦に入った。13回表に星稜が2点をリードしたものの、済美はその裏、先頭打者の政吉が内野安打で出塁して満塁になり、1番・矢野功一郎の大会史上初の逆転満塁サヨナラ本塁打で13－11で済美が勝った。

翌年の夏、3回戦で星稜は智弁和歌山と対戦した。3年生になった奥川は快投を続けたが、1－1で延長戦に入った。11回に足をつったが踏ん張り、13回からはタイブレークに入った。13回は得点が入らず、14回裏、星稜は福本陽生の3ランでサヨナラ勝ちした。奥川は165球を投げて完投。奪三振は23を記録した。前年の敗戦と合わせ、タイブレーク時代ならではのドラマであった。

トーナメントの試合は、敗者を決める試合であるという立場に立てば、タイブレークのような制度は邪道となる。しかし現実には、次の段階に進む勝者を決める試合であり、勝者にはすぐに次の試合が待っている、再試合は勝者に対する負担が大きいのも事実だ。タイブレークにより、急にピンチを迎えることになり、それまでの流れが変わる側面はある。しかしサッカーがＰＫ戦で勝者を決めることを考えれば、一応野球の形は残しており、合理的なやり方だと思う。

なお23年からは、9回が終わって同点の場合は、延長戦からすぐにタイブレークに入ることになった。

投球制限導入とコロナ禍

19年7月25日、岩手県営野球場で岩手大会の決勝戦、花巻東・大船渡（県立）の試合が行われた。大船渡のエース・佐々木朗希は、4月に行われた高校日本代表候補の合宿で球速163キロを計測しており、日本のみならずメジャーリーグも注目していた。しかし、甲子園大会がかかった決勝戦に佐々木は投げず、花巻東に2－12で敗れた。前日の準決勝で129球を投げており、故障予防のため監督が判断したものだった。

これに対し、英断という賛辞の声がある一方で、甲子園に行きたくないのかと、批判も多かった。まだ成長期の佐々木は故障しやすく、ロッテに入団して1年目は登板させず、基礎作りに徹したように、将来を考えれば正しい判断だった。問題があるとすれば、強豪・花巻東との対戦に、佐々木が登板できる状況にできなかったことだ。しかしそれも、結果論である。佐々木は21日の4回戦の盛岡四戦で160キロの速球を投げ、延長12回の試合に完投した。この試合で194球投げている。22日の準々決勝は登板を回避し、それでも大船渡は久慈（県立）との延長11回の接戦に勝利した。24日の準決勝の一関工（県立）に佐々木が登板し、奪三振15で完封した。準決勝も佐々木以外の投手が登板し、決勝に備えるというのが理想だが、公立校にそれを求めるのは酷だろう。

91年夏の決勝戦に進出した沖縄水産（県立）の大野倫の痛々しい投球を契機に、投手の酷使に関して問題提起がされるようになった。13年のセンバツで準優勝した済美の安楽智大は、3回戦から決勝までの5日間で540球を、大会を通して772球を投げた。18年夏の金足農の健闘は称えられたが、その一方でエースの吉田輝星は3回戦から決勝戦までの5日間で570球を投げ、大会を通して881球を投げており、物議を醸した。

1981年から今日のU18野球ワールドカップの前身となる国際大会が始まったが、日本は甲子園大会と日程が重なるため、ダルビッシュ有がいた時代の04年に代表メンバーを派遣したことがあるものの、それ以外は、本当の意味での代表チームを派遣していなかった。しかし大谷翔平、藤浪晋太郎らがいた12年から大会の日程も甲子園大会が終わる8月下旬や9月初めに設定されるようになり、日本代表も参加するようになった。それにともない、国際標準も意識されるようになった。

国際大会では、1試合最大105球までと定められており、この球数を投げれば、次の登板まで中4日は空けるなど、細かく定められている。韓国では、国際ルールに沿った投球数制限が行われているが、日本で実行することは現実的ではない。それでも20年からは、1人の投球数は1週間で500球以内とすることが決められた。それでもまだ投げ過ぎだという声もある。ただ大事なことは、投球数制限があることを意識して、複数の投手を作ることだ。なお、20年から24年までは試行期間であり、25年から高校野球特別規則として、正式に導入されることになった。

また日程も、13年から準々決勝と準決勝の間に1日休養日が設けられ、19年からは準決勝と決勝戦の間の休養日が追加され、21年から準々決勝の前にも、休養日が追加されたので、雨天などによる日程の変更がない限り、2日連続で試合をすることはなくなった。

投球数制限は本来、20年のセンバツから実施されることになっていた。しかしコロナ禍によりセンバツ大会は中止となった。大会どころか練習すらできない状態が続き、夏の大会まで中止になった。高校3年生の夏は一生に一度。残酷な決定だった。センバツ出場校に関しては、甲子園球場で1試合限定の交流試合が行われた。また各都道府県の高校野球連盟の尽力で独自大会が開催された。コロナ禍の厳しい状況でも、試合ができた喜びと、甲子園にはつながらない無念さとが交錯する夏だった。

この年、秋季大会は行われた。東北大会では宮城の柴田（県立）が決勝戦に進出したが、エースの谷木亮太は投球数制限のため決勝戦では19球しか投げることができなかった。そのため仙台育英に1－18で大敗した。それでも、決勝戦までの戦いが評価されて、センバツ出場を果たした。

翌年のセンバツは、コロナの厳戒態勢の中で行われた。開会式に参加したのは、大会初日に出場する6校だけ。大声を出しての応援は禁止され、ブラスバンドは事前に録音した音源を使用した。東海大相模が大分の明豊に3－2でサヨナラ勝ちをし、10年ぶりの優勝を決めた。

夏の神奈川大会。春夏連覇を目指した東海大相模は、コロナ感染者が広がったことにより辞退となり、衝撃が走った。甲子園大会でも13年ぶり5回目の出場を決めた宮崎商（県立）が、コロナによって出場を辞退した。また初出場の宮城の東北学院は1回戦で愛工大名電を破ったものの、2回戦に向けて準備する中、ＰＣＲ検査で陽性になった選手が出て辞退を決めた。東北学院の場合は集団感染ではなかったが、感染者が特定されることを懸念しての判断だった。

雨続きの大会。大阪桐蔭と東海大菅生の試合は、雨の中、泥田のような状況になり、8回表東海大菅生の攻撃中に続行不可能と判断され、7－4で大阪桐蔭が勝った。また8月12日の秋田の明桜と帯広農（道立）の試合は、4回終了で明桜が5－0とリードしているところでノーゲーム。決着がついたのは15日で、4－2で明桜が勝った。近江・日大東北の試合も5回途中でノーゲームになり翌日に最初から仕切り直しになった。

こうした状況を受け、翌年からは、雨天などで試合続行が不可能になった場合、翌日以降に継続試合として、再開されることになった。これまでは7回が終了すると試合が成立したが、8回以降でも継続試合は適用されるので、降雨コールドはなくなった。

21年の夏の甲子園大会は、決勝は智弁和歌山と智弁学園の兄弟校対決になり、9－2で智弁和歌山が勝って21年ぶり3度目の優勝を決めた。97年に初優勝した時の主将であった中谷仁が、高嶋仁前監督から監督の座を受け継いでの全国制覇だった。この大会は、智弁和歌山、智弁学園に加えて、近江、京都国際と近畿勢が4強を独占した。近畿勢が強かったのは確かだ。ただ雨天中止が相次いだものの、コロナ禍で、室内練習場を確保するのが困難だったなど、遠方のチームに不利な状況もあった。

翌22年のセンバツでは、開幕前日に京都国際がコロナの集団感染により出場を辞退し、補欠校だった近江が繰り上げで出場することになった。その近江が決勝に進出。決勝では大阪桐蔭に1－18と大敗したものの、健闘が光った。

優勝旗、白河の関を越える

04年、05年の夏の甲子園大会で駒大苫小牧が優勝し、優勝旗は北海道に渡り、15年のセンバツで敦賀気比が優勝し、北陸勢も優勝を果たした。優勝未経験の県はまだあるものの、地域として残ったのは、東北だけになった。

1915年、夏の第1回大会で秋田中（県立）が決勝戦に進出。京都二中（府立、現鳥羽）に対し、延長13回の熱戦の末、1－2で敗れた。第1回大会で惜しくも逃した東北勢の優勝。それが「白河越えはいつか」と、重くのしかかるとは、誰が予想しただろうか。

戦後の高度経済成長期、農閑期の出稼ぎ労働者、そして「金の卵」と言われた集団就職の少年、少女たち。そんな集団就職の若者たちの憧れの存在として登場したのが、69年、松山商（県立）との延長18回、引き分け再試合の激闘を繰り広げた青森・三沢（県立）のエース・太田幸司だった。「元祖甲子園のアイドル」である太田は、もちろん全国の女性から人気があったが、慣れない都会暮らしをしている東北の若者にとって、特別な存在であった。太田の母親は、ロシア革命の動乱の中で移民した、いわゆる白系ロシア人だった。そして三沢の球児たちは幼いころ、米軍三沢基地でベースボールに親しんできた。

常磐炭鉱が相次いで閉山していた71年、福島の磐城（県立）が準優勝した。小さな大投手と言われたエースの田村隆寿の父親は、炭鉱の閉山で離職していた。監督の須永憲史は常磐炭鉱の職員だった。この時代の東北のチームは、本人たちの意志は関係なく、東北の置かれた状況を背負うような社会性を帯びていた。

そもそも高校野球において、東北は長い間冷遇されていた。55年の第27回のセンバツに岩手の一関一（県立）が出場するまで、東北から1校もセンバツには出場していない。交通網も整備されていない当時、寒冷地は雪に閉ざされており、期待できないという理由からだ。変化が起きたのは、54年の第26回大会で、長野から初出場した飯田長姫（県立、現飯田ＯＩＤＥ長姫）が、小さな大投手と言われた光沢毅を擁して優勝したことからだった。飯田長姫も、もともとは出場が厳しい状況だった。それでも長野は28年夏の第14回大会で松本商（現松商学園）が優勝するなど結果を残していた。それとともに、応援団長から明治大監督になり、東京六大学野球の名物監督であった島岡吉郎は、長野県飯田市の出身だった。島岡は当時、センバツの選考委員をしており、尽力したことが大きかった。飯田長姫が優勝してから、北海道、東北、北信越といった寒冷地からセンバツに常時出場するようになった。

東北新幹線の開通などによる交通インフラの整備などにより、東北のアクセスの良さや、東北のイメージも随分変わった。それでも2011年の東日本大震災で、首都圏の生活は電気も食も、いかに東北に依存しているかを認識させられることになった。

それはともかく、平成最初の夏の大会である89年に仙台育英が準優勝してから、01年春の仙台育英、ダルビッシュ有がいた03年夏の東北、菊池雄星がいた09年春の花巻東、11年夏、12年春、12年夏と3季連続で決勝に進出した光星学院（現八戸学院光星）、15年夏の仙台育英、18年夏の金足農と、決勝進出が続き、いつでも優勝できそうな感じであったが、「史上初の白河の関」という言葉に、無意識のうちにプレッシャーを感じているようにも思えた。

22年夏、第104回の甲子園大会に出場した仙台育英は、初戦（2回戦）で鳥取商（県立）に10－0で圧勝。しかも、5人の投手をつなぎ、その5人とも140キロ以上の速球を投げるという、驚異的な勝ち方だった。3回戦は光星学院を全国レベルの強豪に育てた金沢成奉監督が率いる明秀日立に対し、投手4人のリレーで5－4の逆転勝ち。準々決勝は愛工大名電を6－2で破り、準決勝では、99年に福島高校（県立）から仙台大に進んだ斎藤智也が監督に就任してから急速に力を付けた福島の聖光学院を18－4で破って、決勝に進出した。

決勝戦は、準々決勝でセンバツ優勝の大阪桐蔭を破った下関国際との対戦になった。下関国際は64年に下関電子工として開校し、93年に現在の校名になった学校だ。20年ほど前には部員が1人という時期もあったが、社会人野球ワイテック（13年に廃部）で投手だった坂原秀尚が05年に監督に就任して力を付けてきた。決勝戦は仙台育英が8－1で圧勝した。特に7回裏に5番・岩崎生弥が放った満塁本塁打が勝利を決定づけた。岩崎は宮城大会ではベンチ入りできなかった選手だ。甲子園大会前の紅白戦で本塁打を放ち、ベンチ入りを果たした。

この大会の仙台育英は、ベンチ入りした18人が最低2試合は試合に出ている。かつては、ほとんどを9人で戦うというチームが多く、9人の正選手以外は補欠という扱いだったが、仙台育英に限らず、強豪校の多くは、背番号が二けたの選手も戦力として活用するようになってきた。そうした中でも仙台育英は、18人のメンバー1人1人の活躍が目覚ましかった。さらには、ベンチ入りできなかった部員もそれぞれの役割を果たし、まさに全員で勝ち取った優勝により、優勝旗は初めて白河の関を越えた。この優勝で重しが取れたことになり、今後も東北から優勝チームが出てくるに違いない。

この大会は観客の声援もあり、いつもの甲子園に戻った感じではあった。それでもコロナに集団感染した4校が、最初の試合を大会8日目に繰り下げるなど、まだ影響はあった。そしてこの時の3年生は、入学する前から行動制限で不自由を強いられていた代である。それだけに優勝後の須江航監督の言葉は、多くの人の心を打つものであった。

「入学式どころか、おそらく中学校の卒業式もちゃんとできなくて。僕たち大人が過ごしてきた高校生活とは全く違うんです。青春ってすごく『密』なので。でも、そういうことは全部ダメだ、ダメだと言われて。活動してても、どこかでストップがかかってしまうような苦しい中で。でも諦めないでやってくれた。でもそれをさせてくれたのは、僕たちだけじゃなくて、全国の高校生みんなが本当によくやってくれて。たとえば今日、下関国際さんもそうですけど、大阪桐蔭さんとか、そういう目標になるチームがあったから暗い中でも走っていけた。本当に全ての高校生の努力のたまもの。ただ最後に僕たちがここに立ったというだけなので、ぜひ全国の高校生に拍手してもらえたらなと思います」

「三密」という言葉が広く使われ、閉塞感が強かったコロナ禍。仙台育英が乗り越えたのは、白河の関だけではなかった。

慶応、107年ぶりの優勝

23年のセンバツは決勝戦で報徳学園を7−3で破った山梨学院が初優勝を飾った。吉田洸二監督は、長崎の清峰（県立）で優勝したのに続いての優勝。山梨は関東地区では唯一優勝がなかったが、これで関東地区全ての都県で優勝したことになる。また山梨は春夏を通じて初の決勝進出だ。これで、春夏とも決勝戦に進出していないのは、山形、富山、島根の3県だけになった。3県とも準決勝には進出した実績があるだけに、いずれは決勝に進出する日も来るだろう。

この大会の2回戦で前年の夏優勝の仙台育英が慶応と対戦した。試合は、慶応が9回表に1点を入れて同点に追いつき延長戦に入った。これまで延長13回からタイブレークに入っていたが、この大会から、延長戦に入ると即タイブレークになった。その適応第1号がこの試合だった。10回裏仙台育英は一死満塁から熊谷禅がレフトにライナー性の打球。慶応の左翼手・福井直睦がワンバウンドで捕球して、素早く本塁に送球してアウトにした。記録はレフトゴロになる。しかし続く山田修也の左前安打で仙台育英がサヨナラ勝ちした。

この両チーム、夏の甲子園大会では決勝戦で再度激突した。仙台育英が勝てば大会連覇、慶応が勝てば107年ぶりの優勝ということで非常に大きな関心を集めた。試合は1回表慶応の1番・丸田湊斗がライトへの本塁打。大会史上初となる決勝戦の先頭打者本塁打で勢いに乗った慶応が、その後も加点し8－2で勝利。107年ぶりの優勝を決めた。

107年前は豊中グラウンドで行われた第2回大会。校名は慶応普通部で東京の学校だった。戦後の新制高校への移行に伴い、普通部と商工が合併して慶応高校になった。その際東京から横浜市に移っており、複数の都道府県での優勝は初めてである。

107年ぶりの優勝が注目されるけれども、その起点となったのは、05年のセンバツでの45年ぶりの出場であり、08年夏の甲子園大会での46年ぶりの出場だ。

湘南（県立）から慶応大に進んだ、上田誠が91年に監督に就任した。モットーは「エンジョイ・ベースボール」。02年夏の第84回大会の大会号として発行された「週刊朝日・増刊」には、「脱『根性』！新世代監督奮戦記」という記事で、上田監督も紹介されている。当時はまだ甲子園には届いていないが、95年に神奈川大会の決勝に32年ぶりに進出するなど、徐々に力を付けていた。同誌には、「強さの秘訣は上田監督が目指す『徹底して自分で考える野球』にある」と書かれている。

日本が初めて出場した98年のサッカー・ワールドカップ・フランス大会のころ、監督・コーチや先輩に物おじせず、自分の考えをはっきり言う中田英寿が日本のスポーツ界を代表するスターになるなど、日本のスポーツ文化が少し変わろうとしていた時期だ。選手の自主性を重んじる指導者も増え始めていたが、上田監督は、その先頭を行っていた。さらに03年から慶応高校では、スポーツや文芸で顕著な成績を残した生徒を対象にした推薦入試制度も始まった。その1期生が3年生になった05年にセンバツ出場を果たしたのに続き、08年夏の記念大会だった第90回大会に北神奈川代表として46年ぶりの夏の甲子園大会出場を果たした。

さらに慶応高校、慶応大を経て筑波大大学院でコーチング論を学んだ森林貴彦が02年に慶応幼稚舎（小学校）の教諭になるとともに、慶応高のコーチに就任。15年から監督に就任した。森林監督は「エンジョイ・ベースボール」を進化させ、選手自らが考えるチームを作り、夏の甲子園大会を制した。もっとも、「エンジョイ」は「たのしむ」ことであり、「らくをする」ことではない。

優勝が決まった後のインタビューで森林監督は、「うちの優勝だけでなくて、高校野球の新しい姿につながる勝利だったと思います」と語った。慶応の優勝で「エンジョイ・ベースボール」が新たな潮流になったことは確かだ。「エンジョイ・ベースボール」をどう解釈し、消化していくかが、高校野球の今後の流れを作っていくに違いない。

低反発バットの導入と旧外国人学校の全国制覇

23年の秋季大会を終えたチームから、順次翌年から新基準のバット変わることへの対応に追われた。24年から金属バットの最大径が67ミリ未満から64ミリ未満となり、厚みが3ミリから4ミリになった。池田（県立）の「やまびこ打線」が活躍したころの太く、軽くの逆を行く、細く、重くであり、木製のバットに近いと言われる。

24年のセンバツでは、大会を通じての本塁打はわずかに3本。しかもそのうちの1本はランニング本塁打だった。石垣元気、佐藤龍月の2人の2年生投手を、主将で捕手の箱山遥人が好リードで支えた健大高崎が、初優勝を遂げた。

23年の夏の甲子園大会は、公立校で3回戦に進んだ学校はなかったが、24年の夏は、32年ぶりの出場である島根県立大社の健闘が光った。1回戦でエース・馬庭優太の好投と、相手のミスを誘う果敢な走塁でセンバツ準優勝の報徳学園を破り、夏の甲子園大会で63年ぶりの勝利を挙げると、2回戦で長崎の創成館、3回戦で早稲田実をタイブレークの激闘の末に下して準々決勝に進出した。準々決勝の神村学園戦では力尽きたが、公立校の可能性を感じさせる戦いぶりだった。

過去の大会では、疲労がたまる準決勝や決勝では得点が多く入る試合もあったが、2日連続で試合をしないよう日程が組まれていることに加え、低反発の新基準バットの影響もあり、準決勝の2試合と決勝戦は、1点を巡る緊迫の守り合いが続いた。大会を通じての本塁打は7本。金属バットが導入されてから最低の数字になった。

新基準バットの特徴は、打球が飛ぶ芯の部分が狭くなったことだ。芯に当たれば、それでも打球は飛ぶ。逆に芯が狭くなったことで、詰まった打球、ボテボテの凡ゴロや、野手の間にフラフラと上がるフライが増えた。こうした難しい打球に対応する守備力が勝敗を分けることもあった。決勝戦に進出した京都国際も関東第一も、守備力は極めて高かった。そのうえ関東第一は左の畠中鉄心、右の坂井遼、京都国際は中崎琉生、西村一毅の両左腕という投手陣がしっかりしており、9回を終えて両チームとも得点が入らなかった。前年から延長即タイブレークになったため、史上初の決勝タイブレークになり、2－1で京都国際が勝って優勝した。

京都国際は、在日コリアンの民族教育の場として47年に京都朝鮮中学の校名で開校し、58年から京都韓国学園となった。生徒数減少で存亡の危機に立たされていた時、既述のように97年のセンバツに日高高校中津分校が分校として初めて甲子園大会に出場し、町が盛り上がったのに刺激を受け、野球部創部に動き出した。当時の京都韓国学園は学校教育法上の一条校ではなく、各種学校扱いであった。91年に朝鮮高級学校が軟式野球で日本高校野球連盟に加盟したが、甲子園につながる硬式の方では一条校以外の加盟はなかった。99年に京都韓国学園は、外国人学校として初めて加盟が認められた。

しかし、最初のメンバーは素人同然であった。99年の京都大会の初戦で、前年夏の甲子園大会で準優勝した京都成章と対戦し、0－34で大敗した。

転機になったのは、01年に済州島《チェジュド》からの留学生・荒木治丞《ファンモクチスン》が入学したことだ。遊撃手として攻守に高いレベルを発揮した荒木に引っ張られ、03年夏は、甲子園でダルビッシュ有を擁する東北と好ゲームを繰り広げた平安（現龍谷大平安）に京都大会の準々決勝で1－4で敗れたものの、可能性を示した。荒木は、負傷したこともあり日本では芽が出なかったが、韓国プロ野球のLGで活躍した。

04年から現在の校名である京都国際と改称。学校教育法の一条校になり、日本人の生徒も入学するようになった。小牧憲継が監督に就任した08年、京都国際は京都3位で春季近畿大会に出場した。そしてソウルからの留学生である申成鉉《シンソンヒョン》が広島に入団した。申は13年秋に広島から戦力外通告を受けた後、韓国プロ野球のハンファや斗山《トウサン》で活躍した。

近畿大会出場と、プロ野球選手の輩出で評価を高めた京都国際には、日本人の選手が集まるようになり、力を付けた。21年のセンバツに甲子園大会初出場を果たし、その年の夏の甲子園大会では準決勝に進出した。そして24年、ついに全国制覇を果たす。

学校の歴史を反映して、校歌は韓国語だ。京都国際の優勝のニュースは、韓国でも大きく報じられた。いま高校の教育が大きく変化しており、多様化が進んでいる。京都国際の優勝は、そうした時代を象徴しているのではないか。

終章 高校野球のこれからを考える

2024年夏「開会式」

日本野球の草の根を支える高校野球

1974年に金属バットが導入されて半世紀。24年から低反発のバットに変わったことで、木製バットの時代であった50年以上前に戻ったような感じもする。24年の秋も、健大高崎の石垣元気が最速158キロを計測したとか、横浜の1年生・織田翔希が150キロの速球を投げることが話題になった一方で、芯を外す変化球を駆使する技巧派投手の存在も目立った。一時は絶滅危惧種とまで言われた下手投げの投手も、また増え始めている。無理に抑え込まなくても、狭い芯さえ外せばいいので、投球の幅が広がったことが大きい。

その一方で、多く食べてフィジカルを鍛えるという、池田の「やまびこ打線」以降続く、体を強く大きくするという傾向に変わりはないので、木製バットの時代のような野球に戻るという見方は早計だろう。74年に金属バットが導入され、「やまびこ打線」が登場するまで約8年かかった。今は研究や情報共有のスピードが当時とは比べ物にならないので、もう少し早く低反発バット時代の戦い方の方向性が見出されるかもしれない。けれどもしばらくは、試行錯誤の状況が続くだろう。

24年秋の日本一を決める明治神宮野球大会高校の部の決勝戦は、横浜と広島商（県立）の対戦になり、接戦の末4－3で横浜が勝ち、優勝した。横浜と広島商といえば、金属バットが導入される前年である73年のセンバツの決勝戦と同カードだ。この時は延長11回の激戦で横浜が勝ち初優勝を決めた。けれども、その年の夏に広島商は決勝戦の静岡（県立）戦で、9回一死満塁から大利裕二のサヨナラのスリーバントスクイズを決めるという、いかにも広島商らしい勝ち方で優勝した。

しかし82年夏の決勝戦で池田に2－12で敗れ、広島商の時代は終わったと思われた。88年の夏に全国制覇をしたものの、その後は、甲子園大会への出場頻度も下がり、存在感をなくしていた。そうした状況での明治神宮野球大会での準優勝である。これで復活というのは早計だが、バントのうまさや、守備の堅実さなどは、変わらぬ伝統の強さを感じた。

本書は公立校と私立校が拮抗していた80年代くらいまでは公立VS私立の構図を中心に書いてきた。でも公立校が強いことが望ましいというつもりはない。大切なことは、多くの学校が、本気で甲子園を目指せる状況にあることだ。

80年夏の第62回大会に出場した茨城の江戸川学園と鳥取の倉吉北の選手の多くが県外出身であったことが、当時はかなり大きな問題になった。けれども今日では、ごく当たり前のことになっている。もちろん今日でも、県外出身の選手が多いチームを「外人部隊」と批判的に言う声はあるし、地元の学校に進むというのは、望ましい形ともいえる。

しかし今の中学生や高校生は、昭和の時代を生きた世代とは比較にならないほど情報を持っている。自分がこの人の指導を受けたい、この環境で野球をやりたいと考えれば、その学校がどこにあるかは、大きな問題ではない。そうして県境を越えて入学することは非難されることではないはずだ。他の競技では、指導者や環境を求めて早いうちから海外に活動の場を求め、留学するケースもある。今はネットで甲子園をみて、甲子園に憧れる海外の生徒が多くなっている。国際化の時代、海外から来る留学生も増えてくるだろう。

大事なことは、国内であれ、海外であれ、よその地域から来る生徒を「外人」にしてはならないということだ。多感な高校3年間を過ごした地域は、その人の人生にとって重要な場所になる。彼らが入学した学校の地域社会の一員であり、その地域の野球の普及に貢献していくことは、少子化の中でも野球人口を維持、発展していくためにも重要だと思う。

アメリカはメジャーリーグの球団の傘下に数多くのマイナーリーグの球団を持ち、独立リーグの球団も含めて各地域に広がり、野球文化の草の根の発展に寄与している。日本でも日本ハムが千葉の鎌ヶ谷市をファームの拠点にしているように、ファームの拠点を一軍の本拠地とは別に持つチームはあるし、24年から静岡、新潟にファームの公式戦に出場するチームもできた。それに独立リーグもある。けれどもチームの分布をみれば、その目はまだまだ粗い。日本野球の草の根を支えるのは、高校野球だと思う。

筆者は東京の郊外に住んでいる。街中を歩いていると、少年野球チームがチームメイトを募集しているポスターをよくみかける。グラブやバットを持っていなくてもいいから、一緒に野球をやろうよ、と呼び掛けている。こうした少年野球は、草の根のさらに根っこの部分であり、この部分がしっかりしないと、日本野球の未来はない。それはプロ野球も含めて球界全体で支えるべきなのだろうが、その中で特に高校野球が果たす役割は重要なのではないか。

変わりゆく高校野球と変えてはいけない価値観

高校野球100年、それに夏の第100回大会を契機に、高校野球はその姿を大きく変えようとしている。タイブレーク制に投球数制限、それに23年からは甲子園大会のベンチ入りの人数は20人になった。半世紀前は14人だったので、6人増えたことになる。さらに夏の大会では5回終了後のクーリングタイムが導入され、10分間試合が中断する（25年の夏からは8分間）。24年の夏には3日間の試験運用であったが、午前の部と夕方の部に分ける2部制も実施された。25年の夏は、開会式が午後4時から行うようになったほか、2部制もさらに拡大された。

そのうえ今は7回制の議論も本格化している。筆者の個人的な意見としては、野球は本来9回制であるべきだと思う。国際試合ではU18の大会は、7回制で行われている。国際試合は、テンポよく進む日本の高校野球と違い、試合進行が間延びしており、7回制でもそれほど違和感はない。それにそもそも7回制の議論は、野球をオリンピック種目に定着させるために出てきたアイデアだ。ＩＯＣ（国際オリンピック委員会）は、テレビ放送を意識して競技時間の短縮を求めており、その一環として出た議論だ。熱中症対策で言うのなら、まず甲子園大会でも、地方大会のように点差が開いた試合では、コールドゲームを適用するのが先だと思う。

もっとも近年の夏の暑さは尋常ではない。高校球児は鍛えられているから、暑くても大丈夫だなどと言える暑さではない。常に対策を練り、実行していくことが求められているのも確かだ。

暑さが問題なら、ドーム球場で行い、夏の時期を外すのが一番簡単だ。けれども、多くの高校球児が目指しているのは、全国大会というよりも、甲子園だ。甲子園球場は特別な存在だ。それに、将来海外に合わせて秋入学にするとか、一部の学校で行っている、前、後期の2学期制にするとか、学校のスケジュールが抜本的に変わることがあるのならともかく、現行の3学期制を前提にすれば、一番長い夏季休暇の時期に、大会を行わざるを得ない。甲子園球場で夏休み中に大会を行うことが大前提であるならば、誰もが納得する百点満点の対策は難しいだろう。となれば、多少の試行錯誤はやむを得ない部分はあると思う。

さらに25年になって、ＤＨ制の導入も検討されていることが報じられている。個人的には、高校野球でＤＨ制というのは、かなり違和感がある。ただ、高校野球の現状をみると、検討すべき課題だとは思う。今日、複数投手制がかなり定着したことで、エースが全ての試合に投げるわけではない。高校野球では、エースが打撃の面でも中心になっているケースが多い。エースが登板しない試合では、攻撃力の低下に目をつぶっても、エースを試合に出さないか、野手として起用するかを選択することになる。高校野球は負ければ終わり。野手として出場した場合、登板した投手の状態が悪ければ、エースが準備不足のまま登板することがよくある。ただそれは、負傷のリスクもはらんでいる。負傷リスクを減らす意味で、ＤＨ制を試してもいいのではないかと思う。

近年、社会の変化はすさまじいが、社会が変われば、学校が変わり、学校が変われば高校野球も変わる。変化には柔軟に対応しなければならないが、変わってはいけないのは、高校野球は高校生の野球であるというごく当たり前の価値観だ。

筆者は長年韓国のスポーツを取材、調査してきた。韓国では60年代、70年代、高校野球は国民的なスポーツとして絶大な人気があった。ソウルの中心部にあるソウル野球場（後の東《トン》大門《デムン》野球場）は全国大会の1回戦から観客が押しかけ、2万人超を収容する球場は連日満員だったという。この時代は、韓国にはまだプロ野球はなかった。プロなき時代に存在する人気の高校野球は、高校野球がプロ化してしまう。監督や選手の引き抜き、それに観客も、プロ野球を見るような視線で高校野球をみてしまう。

それに韓国では、日本の部活のように広く生徒を受け入れるのではなく、国家代表強化のためのエリートスポーツと位置付けられ、最初から入口が狭くなっている。その代わり、エリートスポーツで結果を残せば、大学にスポーツ特待生で進学できる。日本でも、大学のスポーツ推薦の要件に、大会で何位以上などの成績基準が設けられていることはある。しかし韓国では、全国大会は大学進学の要件を満たすために存在すると言っても過言でない。過去に比べると全国大会の数は少なくなったが、それでも5つある。大学進学の要件を満たす機会である大会が減ることは、競技人口にも直結するからだ。今はないとは思うが、過去には審判などへの買収が問題になったこともある。

さらに82年に韓国ではプロ野球が始まる。プロ野球を始めるにあたっては、高校野球を徹底的に研究し、プロ野球創成期には、球団の地元の高校の出身の選手を優先的に入団させた。そしてプロ野球が始まると、高校野球の人気はプロ野球に奪われる。高校野球は、プロに人材を送り出す機関となり、プロ野球の3軍、4軍のようになった。さらに東大門野球場が都市再開発で撤去され、試合会場がソウルの中心部から遠くなると、高校野球は関係者しか球場に来ないと言われるほど、衰退した。

きびきびとした動作や、マナーなど、日本の高校野球が大切にしてきた価値観は、次の世代につないでいく重要なことである。それにセンバツでは、物議を醸すような選考が時おりあるが、選考委員が選ぶというスタイルが100年を超えて続いているのも、不正はないという信頼関係があるからだ。こうした代々築いてきた、当たり前の信頼関係や価値観は、非常に貴重なものだと思う。

なお本書は、筆者が子供のころから春夏の甲子園大会のたびに買い集めていた「週刊朝日」「アサヒグラフ」「AERA」「サンデー毎日」「毎日グラフ」「週刊ベースボール」などの大会号を基礎資料としている。何十年も前に買った雑誌を改めて読むと、当時は特に何とも思わなかった記事に、新たな発見がある。そして積み重ねてきた高校野球の歴史、変化を書きたいというのが、本書の根底にある。93年のセンバツから、大会歌が阿久悠作詞、谷村新司作曲の「今ありて」に変わった。この歌の最後は、「今ありて　未来も扉を開く　今ありて　時代も連なり始める」となっている。過去の積み重ねのうえに今があり、今の先に未来がある。これからも高校野球の今をみていきたいと思う。

巻末データ

全国高校野球

歴代優勝校

1974—2024

選抜高校野球大会（春の甲子園大会）1974–1989

年	回	優勝	スコア	準優勝	ベスト4
昭和49年(1974)	46	報徳学園	3−1	池田	平安 和歌山工
昭和50年(1975)	47	高知	10−5	東海大相模	報徳学園 堀越
昭和51年(1976)	48	崇徳	5−0	小山	日田林工 東洋大姫路
昭和52年(1977)	49	箕島	3−0	中村	智弁学園 岡山南
昭和53年(1978)	50	浜松商	2−0	福井商	桐生 箕島
昭和54年(1979)	51	箕島	8−7	浪商	PL学園 東洋大姫路
昭和55年(1980)	52	高知商	1−0	帝京	広陵 丸亀商
昭和56年(1981)	53	PL学園	2−1	印旛	倉吉北 上宮
昭和57年(1982)	54	PL学園	15−2	二松学舎大付	横浜商 中京
昭和58年(1983)	55	池田	3−0	横浜商	明徳 東海大一
昭和59年(1984)	56	岩倉	1−0	PL学園	大船渡 都城
昭和60年(1985)	57	伊野商	4−0	帝京	PL学園 池田
昭和61年(1986)	58	池田	7−1	宇都宮南	岡山南 新湊
昭和62年(1987)	59	PL学園	7−1	関東一	東海大甲府 池田
昭和63年(1988)	60	宇和島東	6−0	東邦	桐蔭学園 宇都宮学園
平成元年(1989)	61	東邦	3−2	上宮	京都西 横浜商

全国高等学校野球選手権大会（夏の甲子園大会）1974–1989

年	回	優勝	スコア	準優勝	ベスト4
昭和49年 （1974）	56	銚子商	7−0	防府商	前橋工 鹿児島実
昭和50年 （1975）	57	習志野	5−4	新居浜商	広島商 上尾
昭和51年 （1976）	58	桜美林	4−3	ＰＬ学園	星稜 海星
昭和52年 （1977）	59	東洋大姫路	4−1	東邦	今治西 大鉄
昭和53年 （1978）	60	ＰＬ学園	3−2	高知商	中京 岡山東商
昭和54年 （1979）	61	箕島	4−3	池田	横浜商 浪商
昭和55年 （1980）	62	横浜	6−4	早稲田実	天理 瀬田工
昭和56年 （1981）	63	報徳学園	2−0	京都商	名古屋電気 鎮西
昭和57年 （1982）	64	池田	12−2	広島商	東洋大姫路 中京
昭和58年 （1983）	65	ＰＬ学園	3−0	横浜商	池田 久留米商
昭和59年 （1984）	66	取手二	8−4	ＰＬ学園	鎮西 金足農
昭和60年 （1985）	67	ＰＬ学園	4−3	宇部商	甲西 東海大甲府
昭和61年 （1986）	68	天理	3−2	松山商	鹿児島商 浦和学院
昭和62年 （1987）	69	ＰＬ学園	5−2	常総学院	帝京 東亜学園
昭和63年 （1988）	70	広島商	1−0	福岡第一	浦和市立 沖縄水産
平成元年 （1989）	71	帝京	2−0	仙台育英	秋田経法大付 尽誠学園

選抜高校野球大会（春の甲子園大会）1990–2004

年	回	優勝	スコア	準優勝	ベスト4
平成2年（1990）	62	近大付	5－2	新田	東海大甲府 北陽
平成3年（1991）	63	広陵	6－5	松商学園	市川 国士舘
平成4年（1992）	64	帝京	3－2	東海大相模	浦和学院 天理
平成5年（1993）	65	上宮	3－0	大宮東	駒大岩見沢 国士舘
平成6年（1994）	66	智弁和歌山	7－5	常総学院	PL学園 桑名西
平成7年（1995）	67	観音寺中央	4－0	銚子商	関西 今治西
平成8年（1996）	68	鹿児島実	6－3	智弁和歌山	岡山城東 高陽東
平成9年（1997）	69	天理	4－1	中京大中京	上宮 報徳学園
平成10年（1998）	70	横浜	3－0	関大一	PL学園 日大藤沢
平成11年（1999）	71	沖縄尚学	7－2	水戸商	PL学園 今治西
平成12年（2000）	72	東海大相模	4－2	智弁和歌山	鳥羽 国学院栃木
平成13年（2001）	73	常総学院	7－6	仙台育英	関西創価 宜野座
平成14年（2002）	74	報徳学園	8－2	鳴門工	福井商 関西
平成15年（2003）	75	広陵	15－3	横浜	東洋大姫路 徳島商
平成16年（2004）	76	済美	6－5	愛工大名電	明徳義塾 社

全国高等学校野球選手権大会（夏の甲子園大会）1990–2004

年	回	優勝	スコア	準優勝	ベスト4
平成2年（1990）	72	天理	1－0	沖縄水産	西日本短大付 山陽
平成3年（1991）	73	大阪桐蔭	13－8	沖縄水産	星稜 鹿児島実
平成4年（1992）	74	西日本短大付	1－0	拓大紅陵	東邦 尽誠学園
平成5年（1993）	75	育英	3－2	春日部共栄	市船橋 常総学院
平成6年（1994）	76	佐賀商	8－4	樟南	佐久 柳ヶ浦
平成7年（1995）	77	帝京	3－1	星稜	敦賀気比 智弁学園
平成8年（1996）	78	松山商	6－3	熊本工	福井商 前橋工
平成9年（1997）	79	智弁和歌山	6－3	平安	浦添商 前橋工
平成10年（1998）	80	横浜	3－0	京都成章	明徳義塾 豊田大谷
平成11年（1999）	81	桐生第一	14－1	岡山理大付	樟南 智弁和歌山
平成12年（2000）	82	智弁和歌山	11－6	東海大浦安	光星学院 育英
平成13年（2001）	83	日大三	5－2	近江	横浜 松山商
平成14年（2002）	84	明徳義塾	7－2	智弁和歌山	川之江 帝京
平成15年（2003）	85	常総学院	4－2	東北	桐生第一 江の川
平成16年（2004）	86	駒大苫小牧	13－10	済美	東海大甲府 千葉経大付

選抜高校野球大会（春の甲子園大会）2005–2019

年	回	優勝	スコア	準優勝	ベスト4
平成17年（2005）	77	愛工大名電	9－2	神村学園	神戸国際大付 羽黒
平成18年（2006）	78	横浜	21－0	清峰	岐阜城北 PL学園
平成19年（2007）	79	常葉菊川	6－5	大垣日大	熊本工 帝京
平成20年（2008）	80	沖縄尚学	9－0	聖望学園	東洋大姫路 千葉経大付
平成21年（2009）	81	清峰	1－0	花巻東	報徳学園 利府
平成22年（2010）	82	興南	10－5	日大三	大垣日大 広陵
平成23年（2011）	83	東海大相模	6－1	九州国際大付	履正社 日大三
平成24年（2012）	84	大阪桐蔭	7－3	光星学院	健大高崎 関東第一
平成25年（2013）	85	浦和学院	17－1	済美	敦賀気比 高知
平成26年（2014）	86	龍谷大平安	6－2	履正社	佐野日大 豊川
平成27年（2015）	87	敦賀気比	3－1	東海大四	大阪桐蔭 浦和学院
平成28年（2016）	88	智弁学園	2－1	高松商	龍谷大平安 秀岳館
平成29年（2017）	89	大阪桐蔭	8－3	履正社	報徳学園 秀岳館
平成30年（2018）	90	大阪桐蔭	5－2	智弁和歌山	東海大相模 三重
令和元年（2019）	91	東邦	6－0	習志野	明豊 明石商

全国高等学校野球選手権大会（夏の甲子園大会）2005–2019

年	回	優勝	スコア	準優勝	ベスト4
平成17年（2005）	87	駒大苫小牧	5－3	京都外大西	大阪桐蔭 宇部商
平成18年（2006）	88	早稲田実	1－1 4－3	駒大苫小牧	鹿児島工 智弁和歌山
平成19年（2007）	89	佐賀北	5－4	広陵	長崎日大 常葉菊川
平成20年（2008）	90	大阪桐蔭	17－0	常葉菊川	横浜 浦添商
平成21年（2009）	91	中京大中京	10－9	日本文理	花巻東 県岐阜商
平成22年（2010）	92	興南	13－1	東海大相模	報徳学園 成田
平成23年（2011）	93	日大三	11－0	光星学院	関西 作新学院
平成24年（2012）	94	大阪桐蔭	3－0	光星学院	明徳義塾 東海大甲府
平成25年（2013）	95	前橋育英	4－3	延岡学園	日大山形 花巻東
平成26年（2014）	96	大阪桐蔭	4－3	三重	敦賀気比 日本文理
平成27年（2015）	97	東海大相模	10－6	仙台育英	関東第一 早稲田実
平成28年（2016）	98	作新学院	7－1	北海	明徳義塾 秀岳館
平成29年（2017）	99	花咲徳栄	14－4	広陵	東海大菅生 天理
平成30年（2018）	100	大阪桐蔭	13－2	金足農	済美 日大三
令和元年（2019）	101	履正社	5－3	星稜	明石商 中京学院大中京

選抜高校野球大会（春の甲子園大会）2020–2024

年	回	優勝	スコア	準優勝	ベスト4
令和2年（2020）	92	中止			
令和3年（2021）	93	東海大相模	3－2	明豊	天理 中京大中京
令和4年（2022）	94	大阪桐蔭	18－1	近江	浦和学院 国学院久我山
令和5年（2023）	95	山梨学院	7－3	報徳学園	広陵 大阪桐蔭
令和6年（2024）	96	健大高崎	3－2	報徳学園	星稜 中央学院

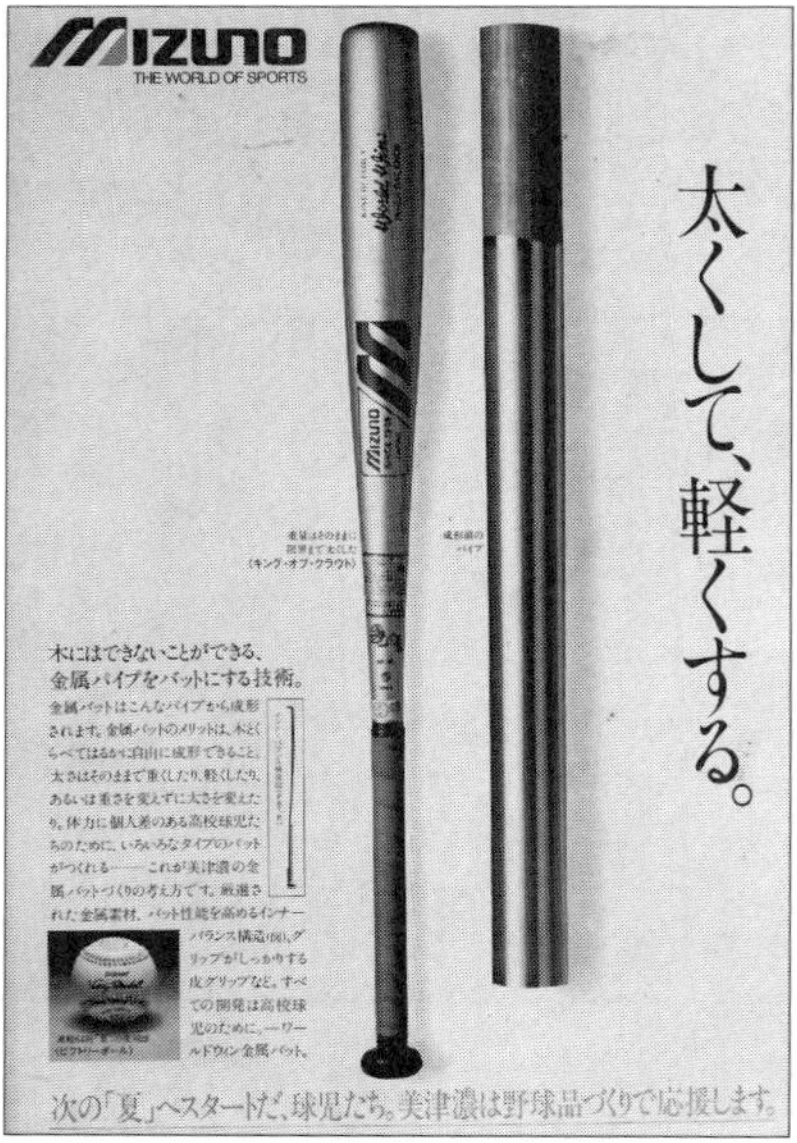

1982年夏「週刊ベースボール」9/4号
80年代前半、金属バットは技術革新と品質向上により急速に広まった。

全国高等学校野球選手権大会（夏の甲子園大会）2020–2024

年	回	優勝	スコア	準優勝	ベスト4
令和2年（2020）	102	中　止			
令和3年（2021）	103	智弁和歌山	9－2	智弁学園	近江 京都国際
令和4年（2022）	104	仙台育英	8－1	下関国際	聖光学院 近江
令和5年（2023）	105	慶応	8－2	仙台育英	土浦日大 神村学園
令和6年（2024）	106	京都国際	2－1	関東第一	青森山田 神村学園

2020年春「サンデー毎日」3/21号
新型コロナウイルスの影響で高野連の開催中止発表後に発売されたセンバツ特集号。

金属バット導入以後の大会／本塁打数・初出場校

年	回数	本塁打数	初出場校数	主な初出場校
昭和49年(1974)	56	11	13	○防府商、◇名古屋電工(愛工大名電)、上尾、土浦日大
昭和50年(1975)	57	15	12	○新居浜商、江の川(石見智翠館)、沖縄・石川
昭和51年(1976)	58	13	14	◎桜美林、柳ヶ浦、福井(福井工大福井)、豊見城
昭和52年(1977)	59	21	6	□取手二、川口工、酒田工、水島工、土岐商、九州産業
昭和53年(1978)	60	15	14	鶴商学園(鶴岡東)、倉吉北、延岡学園、熊本工大(文徳)
昭和54年(1979)	61	27	13	八幡大付(九州国際大付)、弘前実、宇治(立命館宇治)
昭和55年(1980)	62	19	16	瀬田工、美濃加茂、江戸川学園、岡山理大付、国立
昭和56年(1981)	63	20	14	秋田経大付(明桜)、国学院久我山、近江、岡山南
昭和57年(1982)	64	32	9	東海大山形、東農大二、東海大浦安、川之江、春日丘
昭和58年(1983)	65	31	14	□◇帝京、創価、駒大岩見沢、八戸工大一、市尼崎
昭和59年(1984)	66	47	13	□明徳義塾、沖縄水産、拓大紅陵、京都西(京都外大西)
昭和60年(1985)	67	46	11	関東一、立教(立教新座)、北陸大谷、甲西
昭和61年(1986)	68	25	11	◇浦和学院、□西日本短大付、尽誠学園、東亜学園
昭和62年(1987)	69	32	11	○◇□常総学院、◇□智弁和歌山、△伊野商、◇宇和島東
昭和63年(1988)	70	36	14	浦和市立、東陵、八幡商、◇近大付、高野山、滝川二
平成元年(1989)	71	28	11	◇上宮、神戸弘陵、佐野日大、日大三島、小松島西
平成2年(1990)	72	39	11	大宮東、日大鶴ケ丘、大阪・渋谷、岡山城東、山陽
平成3年(1991)	73	37	13	◎□◇大阪桐蔭、新潟明訓、春日部共栄、山梨・市川
平成4年(1992)	74	14	7	神港学園、長岡向陵、秀明、砂川北、桐陽、福島・郡山
平成5年(1993)	75	21	15	□桐生第一、青森山田、松江第一(開星)、浦添商
平成6年(1994)	76	18	11	◇敦賀気比、佐久(佐久長聖)、志学館、長崎北陽台
平成7年(1995)	77	13	16	△観音寺中央(観音寺総合)、旭川実、◇山梨学院大付(山梨学院)、京都成章、日大藤沢
平成8年(1996)	78	23	9	◇常葉菊川(常葉大菊川)、東海大菅生、高陽東
平成9年(1997)	79	28	11	□履正社、△岩倉、光星学院(八戸学院光星)
平成10年(1998)	80	34	8	埼玉栄、日本航空、八千代松陰、平塚学園、関大一
平成11年(1999)	81	21	7	聖望学園、柏陵、東京・城東、福知山商(福知山成美)

◎当該大会で優勝、○当該大会で準優勝、□当該大会より後に夏の甲子園大会で優勝
◇当該大会より後にセンバツで優勝、△当該大会より前にセンバツで優勝
(　　)は、統合したものを含めた現在の校名

全国高校野球選手権大会（夏の甲子園大会）

年	回数	本塁打数	初出場校数	主な初出場校
平成12年（2000）	82	38	7	□佐賀北、日大豊山、日生第二（青山）、瀬戸内
平成13年（2001）	83	29	12	□花咲徳栄、聖光学院、上宮太子、秀岳館、明豊
平成14年（2002）	84	43	11	桐光学園、遊学館、久居農林、日章学園、沖縄・中部商
平成15年（2003）	85	13	8	木更津総合、香川西（四国学院大香川西）、羽黒
平成16年（2004）	86	33	8	○△済美、千葉経大付、鈴鹿、下妻二、北大津、鳥取商
平成17年（2005）	87	32	7	◇清峰、藤代、国士舘、別府青山、聖心ウルスラ
平成18年（2006）	88	60	6	八重山商工、鹿児島工、白樺学園、福島・光南、松代
平成19年（2007）	89	24	4	大垣日大、金光大阪、楊志館、神村学園
平成20年（2008）	90	49	5	本庄一、新潟県央工、加古川北、下関工、飯塚
平成21年（2009）	91	35	13	横浜隼人、日本航空石川、常葉橘（常葉大橘）、滋賀学園
平成22年（2010）	92	26	6	山形中央、水城、松本工、砺波工、いなべ総合、英明
平成23年（2011）	93	27	9	◇健大高崎、至学館、関商工、東大阪大柏原、糸満
平成24年（2012）	94	56	5	成立学園、富山工、松阪、宇部鴻城、杵築
平成25年（2013）	95	37	10	◎前橋育英、上田西、富山第一、彦根東、有田工
平成26年（2014）	96	36	9	二松学舎大付、神戸国際大付、武修館、利府、鹿屋中央
平成27年（2015）	97	32	7	霞ケ浦、専大松戸、岡山学芸館、広島新庄、創成館
平成28年（2016）	98	37	9	クラーク国際、八王子、創志学園、京都翔英、出雲
平成29年（2017）	99	68	6	藤枝明誠、津田学園、坂井、おかやま山陽、下関国際
平成30年（2018）	100	51	6	中央学院、白山、明石商、奈良大付、折尾愛真、沖学園
令和元年（2019）	101	48	3	飯山、愛知・誉、富島
令和2年（2020）	102	中止		
令和3年（2021）	103	36	5	□京都国際、東北学院、鹿島学園、新田、東明館
令和4年（2022）	104	28	4	札幌大谷、明秀日立、社、帝京五
令和5年（2023）	105	23	6	共栄学園、東京学館新潟、浜松開誠館、高知中央
令和6年（2024）	106	7	5	札幌日大、聖和学園、石橋、新潟産大付、聖カタリナ

◎当該大会で優勝、○当該大会で準優勝、□当該大会より後に夏の甲子園大会で優勝
◇当該大会より後にセンバツで優勝、△当該大会より前にセンバツで優勝
（　　）は、統合したものを含めた現在の校名

金属バット導入以後の大会／本塁打数・初出場校

年	回数	本塁打数	初出場校数	主な初出場校
昭和50年（1975）	47	11	12	△□習志野、小山、倉吉北、広島工、佐世保工、豊見城
昭和51年（1976）	48	6	13	◎崇徳、◇智弁学園、□東洋大姫路、修徳、日田林工
昭和52年（1977）	49	9	6	○中村、星稜、酒田東、伊香、岡山南、瀬戸内
昭和53年（1978）	50	10	11	□◇帝京、東海大四（東海大札幌）前橋、印旛、南宇和
昭和54年（1979）	51	18	7	鶴商学園（鶴岡東）、国学院久我山、府中東、川之江
昭和55年（1980）	52	14	8	◇上宮、九州学院、鹿児島商工（樟南）、二松学舎大付
昭和56年（1981）	53	13	8	◇□興南、秋田経大付（明桜）、高崎、大府、延岡工
昭和57年（1982）	54	7	8	□明徳（明徳義塾）、八幡大付（九州国際大付）、桜宮
昭和58年（1983）	55	16	9	△桐蔭学園、□取手二、尽誠学園、駒大岩見沢、青森北
昭和59年（1984）	56	30	16	◎岩倉、大船渡、拓大紅陵、京都西（京都外大西）
昭和60年（1985）	57	18	11	◎伊野商、◇□智弁和歌山、秀明、東海大浦安、東筑
昭和61年（1986）	58	19	7	○宇都宮南、関東第一、沖縄水産、東海大山形、新湊
昭和62年（1987）	59	19	10	◇□常総学院、□西日本短大付、八戸工大一、滝川二
昭和63年（1988）	60	18	10	◎宇和島東、福岡第一、宇都宮学園（文星芸大付）
平成元年（1989）	61	20	7	市柏、横浜商大、北陸、日生第二（青山）、松江東
平成2年（1990）	62	25	10	○新田、霞ケ浦、前橋商、神戸弘陵、柳ヶ浦、玉野光南
平成3年（1991）	63	18	9	□◇大阪桐蔭、□桐生第一、国士舘、春日部共栄、浪速
平成4年（1992）	64	7	9	◇浦和学院、水戸商、御殿場西、新野（阿南光）、読谷
平成5年（1993）	65	11	9	○大宮東、佐野日大、三重・海星、長崎日大
平成6年（1994）	66	10	9	◇山梨学院大付（山梨学院）、江の川（石見智翠館）
平成7年（1995）	67	18	7	◎観音寺中央（観音寺総合）、創価、清陵情報、藤蔭
平成8年（1996）	68	5	9	岡山城東、新潟明訓、大阪学院大、東海大仰星、高陽東
平成9年（1997）	69	7	8	光星学院（八戸学院光星）、東海大菅生、日高中津
平成10年（1998）	70	8	10	◇敦賀気比、北照、日本航空、近江、京都成章、東福岡
平成11年（1999）	71	7	5	高崎商、柏陵、駒大高、峰山、九産大九州

◎当該大会で優勝、○当該大会で準優勝、□当該大会より後に夏の甲子園大会で優勝
◇当該大会より後にセンバツで優勝、△当該大会より前に夏の甲子園大会で優勝
（　　）は、統合したものを含めた現在の校名

選抜高校野球大会（春の甲子園大会）

年	回数	本塁打数	初出場校数	主な初出場校
平成12年（2000）	72	14	7	竜ケ崎一、埼玉栄、高岡第一、愛産大三河、上宮太子
平成13年（2001）	73	21	10	宜野座、桐光学園、藤代、神戸国際大付、岡山学芸館
平成14年（2002）	74	14	6	水戸短大付（水戸啓明）、金光大阪、酒田南、三木
平成15年（2003）	75	9	12	□駒大苫小牧、□花咲徳栄、延岡学園、秀岳館、斑鳩
平成16年（2004）	76	23	6	◎済美、◇常葉菊川（常葉大菊川）、立命館宇治、社
平成17年（2005）	77	10	7	○神村学園、青森山田、羽黒、大阪産大付、如水館
平成18年（2006）	78	14	12	○◇清峰、□履正社、成田、日本文理、八重山商工
平成19年（2007）	79	10	11	○大垣日大、聖光学院、千葉経大付、室戸、大牟田
平成20年（2008）	80	14	9	○聖望学園、明豊、宇治山田商、鹿児島工、八頭、華陵
平成21年（2009）	81	13	5	○花巻東、利府、下妻二、福知山成美、開星
平成22年（2010）	82	15	6	東海大望洋（東海大市原望洋）、自由ケ丘、嘉手納
平成23年（2011）	83	15	11	□前橋育英、水城、静清、創志学園、加古川北、波佐見
平成24年（2012）	84	19	8	◇健大高崎、石巻工、地球環境、鳥取城北、早鞆
平成25年（2013）	85	20	10	安田学園、菰野、春江工（坂井）、京都翔英、創成館
平成26年（2014）	86	13	7	豊川、東陵、白鷗大足利、広島新庄、美里工、小山台
平成27年（2015）	87	17	6	大曲工、奈良大付、米子北、英明、糸満、豊橋工
平成28年（2016）	88	16	6	札幌第一、いなべ総合、滋賀学園、明石商、長田
平成29年（2017）	89	23	4	至学館、呉、不来方、多治見
平成30年（2018）	90	20	10	明秀日立、中央学院、日本航空石川、下関国際
令和元年（2019）	91	19	8	札幌大谷、啓新、筑陽学園、大分、日章学園、石岡一
令和2年（2020）	92	中止	5	白樺学園、加藤学園、鹿児島城西、帯広農、平田
令和3年（2021）	93	9	10	□京都国際、柴田、専大松戸、上田西、聖カタリナ
令和4年（2022）	94	18	6	クラーク国際、和歌山東、有田工、只見、大分舞鶴
令和5年（2023）	95	12	5	能代松陽、彦根総合、光、石橋、徳島・城東
令和6年（2024）	96	3	3	耐久、熊本国府、別海
令和7年（2025）	97		6	千葉黎明、浦和実、エナジックスポーツ、壱岐

◎当該大会で優勝、○当該大会で準優勝、□当該大会より後に夏の甲子園大会で優勝
◇当該大会より後にセンバツで優勝、△当該大会より前に夏の甲子園大会で優勝
（　　）は、統合したものを含めた現在の校名

参考文献

※『週刊朝日』『アサヒグラフ』『サンデー毎日』『毎日グラフ』『週刊ベースボール』『ＡＥＲＡ』大会号以外を列挙する。

週刊朝日編集部編『完全保存版　高校野球１００年　蘇る名勝負　永遠のヒーロー』朝日新聞出版

朝日新聞社編『甲子園風土記　東日本編１９１５－１９７８』朝日新聞社

朝日新聞社編『甲子園風土記　西日本編１９１５－１９７８』朝日新聞社

『歴代春夏甲子園メンバー表大全集』（ホームラン2016年9月号臨時増刊）廣済堂出版

『高校野球の真実　熱気倍増の甲子園ウォッチング』（別冊宝島98）ＪＩＣＣ出版局

吉田正雄監修『別冊月刊高校野球マガジン冬季号　１９４５～１９８５　激動のスポーツ40年史②高校野球／隆盛への軌跡』ベースボール・マガジン社

『スポーツ・スピリット21①　高校野球熱闘の世紀』ベースボール・マガジン社

『週刊甲子園の夏　全国高校野球選手権大会90回の軌跡　vol.01』『週刊甲子園の夏　全国高校野球選手権大会90回の軌跡　vol.05』『週刊甲子園の夏 全国高校野球選手権大会90回の軌跡　vol.06』以上、朝日新聞出版

『Sports Graphic Number 153号』『SPorts Graphic Number 785号』『Sports Graphic Number 1102号』
以上、文藝春秋
高校野球名門校シリーズ11『日大三高野球部－緻密かつ攻撃的SANKO野球』ベースボール・マガジン社
琉球新報運動部編『沖縄野球100年』琉球新報社
島岡吉郎著『熱球三十年～紫紺の旗の下に』講談社

甲子園《こうしえん》50《ごじゅう》年《ねん》戦記《せんき》 高校野球《こうこうやきゅう》の勢力図《せいりょくず》はなぜ塗《ぬ》り変《か》わるのか？

二〇二五年 三 月一七日 第 一 刷発行

著者 大島裕史《おおしまひろし》

発行者 太田克史《おおたかつし》
編集担当 持丸剛《もちまるつよし》
発行所 株式会社星海社
〒一一二-〇〇一三
東京都文京区音羽一-一七-一四 音羽YKビル四階
電話 〇三-六九〇二-一七三〇
FAX 〇三-六九〇二-一七三一
https://www.seikaisha.co.jp
発売元 株式会社講談社
〒一一二-八〇〇一
東京都文京区音羽二-一二-二一
(販売) 〇三-五三九五-五八一七
(業務) 〇三-五三九五-三六一五
印刷所 TOPPAN株式会社
製本所 株式会社国宝社

アートディレクター 吉岡秀典《よしおかひでのり》（セプテンバーカウボーイ）
デザイナー 山田知子《やまだともこ》＋チコルズ
フォントディレクター 紺野慎一《こんのしんいち》
校閲 鷗来堂《おうらいどう》

ISBN978-4-06-539016-0
Printed in Japan

JASRAC 出2501134-501

329
SEIKAISHA SHINSHO

173

弱い男

野村克也が死の直前に吐露した男の弱さとは、老いとは——

プロ野球テスト生として南海ホークスへ入団以来、選手として、そして監督として輝かしい頂点を極めた不世出の男、野村克也。しかし最愛の妻を失い、生きることへの意志を喪った彼は、やるせない孤独に包まれた「弱い男」だった。本書は、貧困を極めた自らの幼少時代や妻・沙知代との、そして息子・克則との赤裸々な回顧であり、死の直前に自らの「弱さ」と真正面から向き合った、いわば「最期のぼやき」である。「弱さ」を抱え続けてきた人間だからこその「強さ」がにじみ出る野村克也のラストメッセージを、老いや死と向き合うすべての方々へ届けたい。

救いようのない酷薄な死の直前の述懐のみを手に、一度は出版を断念することも検討しました。しかし、野村さんが己の弱さを噛みしめて口にされた言葉の数々は、「老い」「孤独」「弱さ」に向き合って野村さんが生きてきた軌跡であることに間違いありません。その10時間に及ぶ貴重な音源を秘蔵にしてはならないとの思いに至りました。

野村克也

233

競馬ノンフィクション 1998年世代

江面弘也

競馬最強世代のひとつ「一九九八年世代」の競走馬たちの激闘録

１９９５年にうまれ、日本競馬史上唯一無二のＪＲＡ平地ＧＩ完全制覇を達成。競馬の本場・欧州でもＧＩを勝ち取った「１９９８年世代」のサラブレッドたち――スペシャルウィーク、グラスワンダー、エルコンドルパサー、セイウンスカイ、キングヘイロー、エアジハード、マイネルラヴ、アグネスワールド、ファレノプシス、ウイングアロー……国際化を進める日本競馬の重要な転換期に誕生し、日本と欧州で数多の名勝負を繰り広げた優駿たちの3年半の軌跡。競馬の「最強世代」候補として必ず挙がる１９９８年世代の競走馬と、馬たちの育成と真剣勝負に人生を捧げたホースマンたちの記録と証言を紡ぐ、競馬ノンフィクション。

327

オルフェーヴル伝説

世界を驚かせた金色の暴君

小川隆行　ウマフリ

強さと激しさの鮮烈な記憶

あの震災の年、GI3勝の名馬の全弟に過ぎなかった小さな栗毛馬がクラシックロードを駆け抜けた。突き放した皐月賞、雨を切り裂いた日本ダービー、地響きのような歓声に迎えられた菊花賞と勝ち進み、史上7頭目の牡馬クラシック三冠馬が誕生した。古馬となってもライバルを寄せつけない強さは変わらず、勇躍フランスへ乗り込んだ凱旋門賞では世界の頂点に立つかに見えた。ゴール後に騎手を振り落としたり、制御不能の大逸走から猛然と追い上げたり、偉大な父ステイゴールド譲りの気性の激しさから来る逸話の数々も愛おしい。見るものの心をとらえて離さない史上稀に見る個性派名馬の軌跡をたどる。

310

アイドルホース列伝 超 1949-2024

小川隆行 ウマフリ

永遠に色褪せない名馬たちの記憶

無傷の10連勝でダービーを制し、その17日後に急死した「幻の馬」トキノミノルから70余年。父譲りの美しい栗毛をなびかせ大レースに挑み続けたナリタトップロード、人気薄から何度も勝利を重ねた〝奇跡〟のステイヤー・ヒシミラクル、爆発的な末脚で二冠を達成して引退すると、わずか5年の種牡馬生活で活躍馬を輩出、早すぎる死が惜しまれるドゥラメンテ、世界ランク1位を獲得した新時代の史上最強馬イクイノックス、名手との絆で不運と挫折を乗り越えた現役トップのドウデュースなど。昭和の名馬から現役世代まで、時代を超えて愛される156頭の名馬たちの蹄跡をこの1冊に！

次世代による次世代のための

武器としての教養
星海社新書

星海社新書は、困難な時代にあっても前向きに自分の人生を切り開いていこうとする次世代の人間に向けて、ここに創刊いたします。本の力を思いきり信じて、**みなさんと一緒に新しい時代の新しい価値観を創っていきたい。若い力で、世界を変えていきたいのです。**

本には、その力があります。読者であるあなたが、そこから何かを読み取り、それを自らの血肉にすることができれば、一冊の本の存在によって、あなたの人生は一瞬にして変わってしまうでしょう。**思考が変われば行動が変わり、行動が変われば生き方が変わります。**著者をはじめ、本作りに関わる多くの人の想いがそのまま形となった、文化的遺伝子としての本には、大げさではなく、それだけの力が宿っていると思うのです。

沈下していく地盤の上で、他のみんなと一緒に身動きが取れないまま、大きな穴へと落ちていくのか？　それとも、重力に逆らって立ち上がり、前を向いて最前線で戦っていくことを選ぶのか？

星海社新書の目的は、**戦うことを選んだ次世代の仲間たちに「武器としての教養」をくばることです。**知的好奇心を満たすだけでなく、自らの力で未来を切り開いていくための〝武器〟としても使える知のかたちを、シリーズとしてまとめていきたいと思います。

2011年9月

星海社新書初代編集長　柿内芳文

SEIKAISHA
SHINSHO